JN312313

[シリーズ]
統計科学のプラクティス 4
小暮厚之・照井伸彦 [編集]

Rによる
アクチュアリーの統計分析

田中周二
[著]

朝倉書店

まえがき

　21世紀に入り日本のアクチュアリーは大きな試練の時代を迎えている．急速な少子高齢化の進展と経済の停滞に金融危機が重なり，保険や年金といったアクチュアリーの伝統的な業務分野が大きく傷つき，また大きな変革を迫られているからである．これらは少子高齢化社会における国民の生活保障というセーフティネットを支える分野であるだけに，今後の対応如何が社会の安定に大きな影響を及ぼすという意味で経済社会にとっても重要なテーマである．

　生命保険分野では変額年金や第三分野保険において新たな規制が設けられ，確率論的シミュレーションの本格的な適用など，統計や数理などの技術的な基盤を整備する必要性は大きく増大している．近い将来，既存の保険ポートフォリオについても，新たなソルベンシー規制や保険契約負債の経済価値ベースの評価が適用されることになると，損保分野を含めて伝統的な保険ポートフォリオについても革新的な見直しが必要となることが予想される．また新たに創設された少額短期保険では，既存保険会社では取り扱わなかった新たなリスクに対応する商品などが出てきている．年金分野についても国際会計基準や財務規制によるリスク意識の高まりにより，制度設計やリスク管理の枠組みを見直す動きが出てきており，キャッシュバランスプラン，LDI（負債指向投資）や長寿債券などの現象は，将来のあるべき制度的枠組みを先取りする動きと捉えることもできよう．

　改革の方向性を示すキーワードは，「保険とファイナンスの融合」に動機づけられた「アクチュアリー科学の再構築」ということである．

　ところが統計学や数学は，最近，大きな進歩を遂げているが，残念ながら現場のアクチュアリーにそれらの知識や技術が十分に浸透しているのかというと甚だ心許ない現状にある．多くの欧米のアクチュアリーがすでに利用している

まえがき

数理・統計の新知識，あるいは隣接諸科学からの知見をとりいれて開発が進んでいる数々の応用技術のうち，まだ定着していない領域が数多く残されている．

本書の狙いについて説明することにしたい．まず，第1章から第3章までは，生保，年金，損保という伝統的な保険数学の内容をRで書いてみようという試みである．読者は，ぜひパソコンを横に置いてRのコードを実際に書いてみることにより，まずは慣れてもらいたい．そうすることにより初めて，「Rが使える」という実感が湧いてくるものと考える．第4章はシミュレーションの技法についての入門，第5章はそれを使った確率論的シミュレーションための時系列モデル入門である．第6章は，死亡率や罹病率など発生率のための統計学を学ぶ．第7章から9章までは，最近の保険商品に関する商品設計とリスク管理について，それまでの章で説明した理論や計算技法を使って，アクチュアリー実務の擬似体験というコンセプトで記述した．第7章がリスク細分型の保険，第8章が第三分野保険，第9章が変額年金となっている．

本書が想定する読者は，主として保険会社や信託銀行，コンサルティング会社などでアクチュアリー業務を営んでいる現場の若手アクチュアリーおよび，これからアクチュアリーを目指す学生であり，アクチュアリー実務の中にある課題を，統計学と数理を学びつつRを使って実践的に解決できるように工夫した．また，一般に保険に興味をもつ統計学や数学の素養をもつ読者も歓迎するが，本書は保険数学の教科書として網羅的に書かれたものではないため，さらに詳しく知りたい人は別の書籍を参照していただきたい．

当初は保険のリスク管理に関する内容も盛り込む予定であったが，紙幅の制約のため断腸の思いであるが諦めざるをえなかった．これらについては将来，出版の機会があれば，そこに譲りたい．

2011年1月

田中周二

アクチュアリー記号

本書では，よく使われるアクチュアリー記号を主に最初の2章で使っている．現在でも現場のアクチュアリーはこの記号で仕事をしているので，少しだけ説明をしておく．

x 歳から1年間の死亡率，生存率は q_x，p_x であり，t 年間であれば ${}_tq_x$，${}_tp_x$ である．据置死亡率は現在 x 歳の人の $x+t$ 歳から $x+t+1$ 歳までの1年間の死亡率であり，${}_{t|}q_x$ という記号を使う．

また保険金や給付金の現価は A という記号，年金には a という記号を使う．これは一時払の純保険料と考えることもできる．保険金の支払は，死亡など事故の発生時点で払うか，満期保険金のように保険年度末に払うかであり，前者は即時払といい $\bar{A}$ で表すが，期末払は何もつけない．

年金の支払は支給開始日からが普通なので期始払 $\ddot{a}$ を使うことが多いが，ローンの返済では期末払 a となり，これには何もつかない．理論上でしか考えられない連続払 $\bar{a}$ という記号もある．また，$A_{x:\overline{n|}}$ は x 歳加入 n 年満期（保険期間が n 年）を表しており，$a_x^{(m)}$ は x 歳支給開始の年 m 回払の分割した期間での期末払終身年金を表す．これらは計算基数 D_x，$\bar{C}_x$，N_x，$\bar{M}_x$ などで表すと簡単になる．

R について

まず，なぜいま R なのかについて答える．1つは，読者諸氏が使っている Excel など表計算ソフトでは，確率論的シミュレーションの計算などにはやや荷が重くなっていることがあげられる．次に，R は多くの統計学者が参加しているので，つねに最新のパッケージが使えることがあげられる．勉強さえすれば，かなり本格的な分析もできる．ソースコードも公開されているので改良も自由にできることがメリットである．最後に，最大のメリットはフリーソフトであることである．タダより高いものはないというが，R に限ってそういうことはない．

R についての解説は，本シリーズ第1巻「R による統計データ分析入門」（小暮厚之）の付録に譲り，本書では改めて説明することはしないが，R の初心者

でもある著者の経験を踏まえて少しだけ補足しておく．

　ごく初歩の段階では手元におくための簡単な本が欲しいことがある．そこでどうしても心配ならば，以下の本をお薦めする．

- 高浪洋平，舟尾暢男：データ解析環境「R」，工学社

　R はインターネット環境の下で利用すると効果が倍増することが実感できるようになる．マニュアル類も嵩張るので，以下のようなサイトを利用すればプログラムの実例を見ながらプログラムの学習や開発ができるのできわめて効率的である．

- http://cse.naro.affrc.go.jp/takezawa/r-tips/r.html（竹澤邦夫氏）

このサイトを見れば，R を使った統計分析のサイトが数多く紹介されている．

　少し慣れてくると新しいパッケージを使いたくなる．パッケージ自体は，CRAN のミラーサイトから容易に入手できるが，その使い方がよくわからないこともある．その場合には，R の総本山とでもいうべき，

- The R Project：http://www.r-project.org/（米国の R の総本山）
- RjpWiki：http://www.okada.jp.org/RWiki/index.php?RjpWiki/（岡田昌史氏が作成した R に関する日本語による情報交換を目的とした Wiki）

にアクセスして検索してみることをお薦めする．ただ，新しく開発したパッケージの解説は英語版しかないことに留意する．

　読者もいろいろ探索してよい情報源を見つける努力をするとその見返りも大きいと思われる．まず慣れることが大事なので，本書のコードをそのまま打ち込んで結果を確認しながら理論を学ぶというやり方も忙しい実務家にとってはよい方法かもしれない．

　なお，各章で用いた R のコマンドは一部を除いてほとんどを掲載し，分析を再現できるようにしている．また，未掲載の部分を含め，すべてのコマンドとデータファイルは朝倉書店の http://www.asakura.co.jp/download.html にアップしている．ただし，各パッケージ所収のデータファイルについては，各自でパッケージ入手の上ライブラリーより呼び出して使用されたい（収載パッケージは付録 C. 参照）．

目　　次

1. 生命保険数理 …………………………………………… 1
   1.1 生命関数 …………………………………………… 1
   1.2 複利計算 …………………………………………… 4
       1.2.1 実利率と名称利率 ………………………… 4
       1.2.2 年　　金 …………………………………… 5
       1.2.3 債務の返済 ………………………………… 6
   1.3 保険料計算 ………………………………………… 9
       1.3.1 一時払保険料（保険金現価） ……………… 9
       1.3.2 生命年金 …………………………………… 9
       1.3.3 年払純保険料 ……………………………… 10
       1.3.4 計算基数 …………………………………… 11
   1.4 責任準備金 ………………………………………… 13

2. 年金数理 ………………………………………………… 16
   2.1 生命保険数理と年金数理 ………………………… 16
   2.2 多重脱退，定常人口，極限方程式 ……………… 17
       2.2.1 多重脱退 …………………………………… 17
       2.2.2 定常人口 …………………………………… 21
       2.2.3 極限方程式 ………………………………… 21
   2.3 財政方式と保険料および積立金 ………………… 22
       2.3.1 財政方式 …………………………………… 22
       2.3.2 トローブリッジモデル …………………… 23

3. 損害保険数理 31
3.1 損害額分布・頻度分布の理論分布 31
3.1.1 頻度分布 N 32
3.1.2 損害規模分布 S 33
3.1.3 R における確率分布の関数 35
3.2 経験分布の理論分布への当てはめとモデル選択 39
3.2.1 モーメントマッチング 40
3.2.2 最尤推定法 42
3.2.3 モデル選択 45
3.3 累積損害額分布の導出 46
3.3.1 複合リスクモデル 46
3.3.2 連続型分布の離散化 50
3.3.3 Panjer の再帰法 52
3.3.4 高速フーリエ変換 55

4. シミュレーション 58
4.1 決定論的シミュレーションと確率論的シミュレーション 58
4.2 乱数と確率変数の生成 59
4.3 逆関数法 61
4.4 棄却法 62
4.5 ポアソン過程の生成 65
4.5.1 斉時ポアソン過程 65
4.5.2 非斉時ポアソン過程 67

5. 確率論的シナリオ生成モデル 72
5.1 時系列モデル 72
5.2 株価変動モデル 74
5.2.1 株価変動モデルの作成 74
5.2.2 株価変動モデルのシミュレーション 83
5.3 金利変動モデル 87

　　　　　　　　　　　　　　目　　次　　　　　　　　　　vii

　　　5.3.1　金利の期間構造 ································ 89
　　　5.3.2　さまざまな金利モデルの研究 ·················· 93
　5.4　経済シナリオ生成器 ································ 98
　　　5.4.1　金融市場モデル ································ 98
　　　5.4.2　経済シナリオ生成器 ·························· 102

6. 発生率の統計学 ·· 108
　6.1　一般化線形モデル ·································· 108
　　　6.1.1　モデルの概要 ·································· 108
　　　6.1.2　指数型分布族 ·································· 109
　　　6.1.3　GLM による統計分析 ·························· 111
　6.2　生存時間解析 ······································ 116
　　　6.2.1　パラメトリック推定法 ························ 118
　　　6.2.2　ノンパラメトリック推定法 ···················· 121
　　　6.2.3　セミパラメトリック推定法 ···················· 127

7. リスク細分型保険 ···································· 133
　7.1　リスク細分のための統計モデル ···················· 134
　7.2　自動車保険 ·· 135
　7.3　自賠責自動車保険 ·································· 138
　7.4　喫煙者と非喫煙者の死亡率 ························ 140

8. 第三分野保険 ·· 142
　8.1　第三分野保険のアクチュアリアルな問題点 ·········· 143
　8.2　医療保険の発生率の決定 ·························· 145
　8.3　医療保険の保険料計算 ···························· 150
　8.4　医療保険の確率論的シミュレーション ·············· 152
　8.5　ストレステストと負債十分性テスト ················ 158

9. 変 額 年 金 ··· 162
　9.1　変額年金の概要 ··· 162
　9.2　最低保証オプションの評価 ··· 169
　9.3　ダイナミックヘッジング ··· 171

付　　録 ··· 181
　A.　本書で利用したパッケージと関数 ··· 181
　B.　Rによる計算例（一覧） ··· 185
　C.　本書で使用したデータファイル ··· 186
　D.　最尤推定量とフィッシャーの情報行列 ··· 187

文　　献 ··· 190

索　　引 ··· 195

1 生命保険数理

この章では，生命保険数理について大急ぎで復習するとともに R によれば簡単に計算が可能であることを示す．

1.1　生命関数

x 歳の人が生存する年数（余命）は確率変数であり T_x または単に T で表す．この分布関数 $F(t)$ は，この人が t 年以内に（すなわち $x+t$ 歳までに）死亡する確率を表している．

$$F(t) = P(T \leq t) \tag{1.1}$$

これが連続微分可能であることを仮定すると，その導関数 $f(t) = F'(t)$ は確率密度関数となり，

$$f(t)dt = P(t < T < t+dt) \tag{1.2}$$

は微小期間 $[t, t+dt)$ の間に死亡する確率を表す．アクチュアリー記号では，x 歳の人が t 年以内に死亡する確率を $_tq_x = F(t)$ で表し，x 歳の人が t 年以上生存する確率を $_tp_x$ と表す．また据置死亡率 $_{s|t}q_x$ は将来，s 年生存してその後 t 年以内に死亡する確率を表し，

$$_{s|t}q_x = P(s < T < t) = F(t+s) - F(s) = {}_{s+t}q_x - {}_sq_x \tag{1.3}$$

となる．$x+s$ 歳まで生存する条件付きで，さらに t 年間生存ないし t 年以前に死亡する確率は，

$$_tp_{x+s} = P(T > s+t | T > s) = \frac{1 - F(t+s)}{1 - F(s)} \quad (1.4)$$

$$_tq_{x+s} = P(T \leq t+s | T > s) = \frac{F(s+t) - F(s)}{1 - F(s)} \quad (1.5)$$

この記号によれば，

$$_{s+t}p_x = 1 - F(x+t) = {_tp_x} \, {_tp_{x+s}} \quad (1.6)$$

$$_{s|t}q_{x+s} = F(x+t) - F(x) = {_tp_x} \, {_tq_{x+s}} \quad (1.7)$$

なお，$t=1$ のとき記号 $_tq_x$, $_tp_x$, $_{s|t}q_x$ の t は省略され，q_x, p_x, $_{s|}q_x$ となる．

また，平均余命 $\dot{e}_x$ とは x 歳の人の余命の期待値であり，

$$\dot{e}_x = \int_0^\infty tf(t)dt = \int_0^\infty (1 - F(t))dt = \int_0^\infty {_tp_x} dt \quad (1.8)$$

ここで，第 2 式と第 3 式の等号は部分積分による．特に生まれたての赤ん坊（0歳）の平均余命を平均寿命 (life span) と呼ぶ．

x 歳の人の $x+t$ 歳時点での死力とは，

$$\mu_{x+t} = \frac{f(t)}{1 - F(t)} = -\frac{d}{dt}\log(1 - F(t)) = -\frac{d}{dt}\log {_tp_x} \quad (1.9)$$

と定義され，微小期間 $[t, t+dt)$ の間に死亡する確率は，

$$f(t)dt = P(t < T < t+dt) = {_tp_x} \mu_{x+t} dt \quad (1.10)$$

すなわち，確率密度関数 $f(t) = {_tp_x} \mu_{x+t}$ と表すことができる．

実務的には年齢や時間を連続ではなく離散（整数値）で考えることが多く，死亡率が 0 歳から ω 歳（最終年齢）まで与えられると，生存率 $_tp_x$ や 1 年据置死亡率 $_{t|}q_x$ は，

$$_tp_x = p_x p_{x+1} \cdots p_{x+t} \quad (1.11)$$

$$_{t|}q_x = p_x p_{x+1} \cdots p_{x+t-1} q_x \quad (1.12)$$

となる．生命表を作成するときには，年齢 $x=0$ から ω までの生存数系列 l_x と死亡数系列 d_x を次の漸化式によって計算することができる．まず，$l_0 = 100000$

とおき，以下を $\omega - 1$ まで次々に計算すればよい．

$$l_{x+1} = l_x p_x \tag{1.13}$$

$$d_x = l_x q_x = l_x - l_{x+1} \tag{1.14}$$

生存数と死亡数で生存率 ${}_t p_x$ や 1 年据置死亡率 ${}_{t|} q_x$ を表現すると，以下が成立する．

$$_t p_x = \frac{l_{x+t}}{l_x} \tag{1.15}$$

$$_{t|} q_x = \frac{d_{x+t}}{l_x} \tag{1.16}$$

なお，このとき平均余命 $\mathring{e}_x$ は，近似的に次の式で表される．

$$\mathring{e}_x \sim \frac{1}{2} + \sum_{t=0}^{\omega} {}_t p_x = \frac{1}{2} + \sum_{t=1}^{\omega} \frac{l_{x+t}}{l_x} \tag{1.17}$$

この式の総和記号の部分を略算平均余命と呼ぶ．

R による計算例 1（生命表の作成）

実際に R を使って死亡率が与えられたとき生命表を作成してみよう．

生保標準生命表 2007（死亡保険）男子の死亡率 (q_x)（0～107 歳）から生存率 (p_x)，生存数 (l_x)，死亡数 (d_x)，平均余命 ($\mathring{e}_x$) を出力する．まず，作成した死亡率のテキストファイル (shibouritu07M.txt) を読み込む．第 1 行目には年齢と死亡率という列名があるので header=T を指定し，列名を除く数値のみを q という変数に読み込む．第 1 列目は年齢なので第 2 列目だけ出力する．

```
q<-read.table("shibouritu07M.txt",header=T)
q[,2]
> q[,2]
  [1] 0.00108 0.00075 0.00049 0.00031 0.00021 0.00017 0.00016 0.00016
  [9] 0.00016 0.00015 0.00014 0.00013 0.00014 0.00018 0.00025 0.00036
  ------------------------------(中略)-------------------------------
 [97] 0.33166 0.36510 0.40085 0.43880 0.47877 0.52048 0.56359 0.60761
[105] 0.65200 0.69612 0.73925 1.00000
```

読み込んだ死亡率から生存率，生存数，死亡数，平均余命を計算し，結果を表の形にまとめる．0 歳の引数は 1 であり，ずれていることに注意．

lx[1]=100000 からスタートする．Lx は l_x を最終年齢から x 歳まで累積したもの．round(*,digits=n) は n 桁未満を四捨五入する命令である．

```
px<-1-q[,2]
lx<-dx<-Lx<-ex<-rep(0,108)
lx[1]<-100000
for (i in 1:107){
lx[i+1]<-px[i]*lx[i]
dx[i]<-lx[i]-lx[i+1]
}
for (i in 1:108){
Lx[108-i]<-lx[109-i]+Lx[109-i]
ex[109-i]<-1/2+Lx[109-i]/lx[109-i]
}
data.frame(x=q[,1],死亡率=q[,2],生存率=px,生存数=round(lx,digits=0),死亡
数=round(dx,digits=0),平均余命=round(ex,digits=2))
```

	x	死亡率	生存率	生存数	死亡数	平均余命
1	0	0.00108	0.99892	100000	108	78.24
2	1	0.00075	0.99925	99892	75	77.32
3	2	0.00049	0.99951	99817	49	76.38
--------------------(中略)--------------------
104	103	0.60761	0.39239	56	34	1.08
105	104	0.65200	0.34800	22	14	0.98
106	105	0.69612	0.30388	8	5	0.88
107	106	0.73925	0.26075	2	2	0.76
108	107	1.00000	0.00000	1	0	0.50

もし，ベクトルの要素を累積してゆく関数 cumsum，ベクトルの順序を逆順にする関数 rev を知っていれば Lx の計算は，Lx<-rev(cumcum(rev(lx))) でよい（各自試みられよ）．

1.2　複　利　計　算

1.2.1　実利率と名称利率

生命保険数理では，死亡率による将来のキャッシュフロー（資金流列）の予測と，その割引計算が必要になる．年利率を i とすると，現在 1 の資金は，1

年後に $(1+i)$ となり，n 年後には $(1+i)^n$ となる．さらに，現時点より n 年後まで，毎期 $c_0, c_1, \cdots, c_n$ を払い込むとき，最終年度の積立金は利息を含めて $F_n = \sum_{k=0}^{n}(1+i)^{n-k}c_k$ であり，F_n を c_k の終価という．

逆に，1 年後に 1 を支払うためには現在 $v = \frac{1}{1+i}$ が必要であり，この v を現価率と呼ぶ．現時点より n 年後まで，毎期 $c_0, c_1, \cdots, c_n$ を支払うとき，そのキャッシュフローの現時点での価値（現価）は現価率 v によって，$F_0 = \sum_{k=0}^{n} v^k c_k$ と表される．

利息の繰り入れが年に一度ではなく複数回あるとき，繰り入れと繰り入れの間を転化期間という．例えば，毎月利息が繰り入れられる場合には転化期間は 1 月である．1 年と異なる転化期間で利息が繰り入れられるときの利率は名称利率という．1 年の利率は実利率という．

転化期間が $\frac{1}{m}$ 年の場合に，実利率 i に対応する名称利率 $i^{(m)}$ は，

$$\left(1 + \frac{i^{(m)}}{m}\right)^m = 1 + i \tag{1.18}$$

であるから，

$$i^{(m)} = m(1+i)^{\frac{1}{m}} - 1 \tag{1.19}$$

が得られる．ここで，$m \to \infty$ としたときの極限を連続複利 δ といい，

$$\delta = \lim_{m \to \infty} i^{(m)} \tag{1.20}$$

連続複利と実利率には下の関係が成り立つ．

$$\delta = \log(1+i) \tag{1.21}$$

1.2.2 年　　金

年金とは定期的な支払を行うものである．期始払永久年金とは，年額 1 を毎年度の期始に永久に支払うものであり，この現価を $\ddot{a}_\infty$ と表す．無限等比数列の和の公式より，

$$\ddot{a}_\infty = 1 + v + v^2 + \cdots = \frac{1}{1-v} \tag{1.22}$$

これに対し，毎年度の期末に支払う場合には，期末払永久年金といい，その現価 a_∞ は，

$$a_\infty = v + v^2 + v^3 + \cdots = \frac{v}{1-v} \tag{1.23}$$

確定年金とは満期（n 年）のある年金であり，期始払，期末払それぞれの現価は $\ddot{a}_{\overline{n|}}$, $a_{\overline{n|}}$ と書き，等比数列の和の公式を用いると，

$$\ddot{a}_{\overline{n|}} = 1 + v + v^2 + \cdots + v^{n-1} = \frac{1-v^n}{1-v} \tag{1.24}$$

$$a_{\overline{n|}} = v + v^2 + v^3 + \cdots + v^n = v\frac{1-v^n}{1-v} \tag{1.25}$$

同様に終価は，

$$\ddot{S}_{\overline{n|}} = (1+i) + (1+i)^2 + \cdots + (1+i)^n = (1+i)^n \ddot{a}_{\overline{n|}} \tag{1.26}$$

$$S_{\overline{n|}} = 1 + (1+i) + \cdots \quad\quad + (1+i)^{n-1} = (1+i)^n a_{\overline{n|}} \tag{1.27}$$

1.2.3 債務の返済

一方，借入金などの債務 S を n 年間で毎年度末に c_i, $i = 1, 2, \cdots, n$ ずつ返済する場合には，

$$S = vc_1 + v^2 c_2 + \cdots + v^n c_n \tag{1.28}$$

が成立するが，k 期末に c_k を返済後の債務 S_k は，

$$S_k = (1+i)S_{k-1} - c_k \Rightarrow c_k = iS_k + (S_{k-1} - S_k) \tag{1.29}$$

となる．後者は，債務の返済が元本と利息の返済に分離できることを示している．債務 $S = 1$ に対し，$c_k = i$, $k = 1, 2, \cdots, n-1$, $c_n = 1 + i$ のとき，元金均等償却といい，以下が成り立つ．

$$1 = ia_{\overline{n|}} + v^n \tag{1.30}$$

$c_k = \frac{1}{a_{\overline{n|}}}$, $k = 1, 2, \cdots, n$ のとき，元利均等償却という．簡単な計算から，この場合の k 期末の債務残高 S_k は，$(1+i)^k - \frac{\ddot{s}_{\overline{k|}}}{a_{\overline{n|}}}$ となる．これから k 回目の元本と利息の返済額も容易に求められ，$(1+i)^k(\frac{1}{a_{\overline{n|}}} - i)$, $i(1+i)^k - i\frac{\ddot{s}_{\overline{k|}}}{a_{\overline{n|}}}$ となる．

R による計算例 2（確定年金の現価・終価）━━━━━━━━

(1) 確定年金の期始払・期末払の現価，終価を計算するプログラムを書いて

1.2 複利計算

みよう.

関数 akishi, akimatsu はそれぞれ期始払, 期末払の確定年金現価を表す. 引数は利率 i と支給期間 n である.

```
akishi<-function(i,n){
v<-1/(1+i)
(1-v^n)/(1-v)
}
akimatsu<-function(i,n){
v<-1/(1+i)
v*(1-v^n)/(1-v)
}
```

これを $i = 0.05$, $n = 10$ を代入して実行すると, 以下のように出力される.

```
> akishi(0.05,10)
[1] 8.107822
> akimatsu(0.05,10)
[1] 7.721735
```

しかし, R ではベクトル計算が得意なので, 単に以下の 1 行でよい.

```
akishi<-sum(v^0:(n-1)),akimatsu<-sum(v^1:n)
```

(2) 次に住宅ローンなどの債務を元金均等方式と元利均等償却で借入から毎年末に返済する返済計画表を作成してみよう. 元本 1000 万円の場合を考える. 債務残高 S は, 期始・期末があるので処理には工夫が必要.

```
n<-10
i<-0.03
nendo<-c(1:10)
P<-1000
#####元金均等償却#####
c<-rep(0,n)
SS<-c(P,rep(0,n))
for (j in 1:n){
SS[j+1]<-SS[j]*(1+i)-P/n
c[j]<-P/n+i*SS[j+1]
}
```

```
S<-SS[1:n+1]
PP<-rep(P/n,n)
hyo1<-data.frame(年度=nendo，返済額=c，元本償却=PP，利息償却=c-PP，債務残高
=S)
hyo1
```

	年度	返済額	元本償却	利息償却	債務残高
1	1	127.9000	100	27.900000	930.0000
2	2	125.7370	100	25.737000	857.9000
3	3	123.5091	100	23.509110	783.6370
4	4	121.2144	100	21.214383	707.1461
5	5	118.8508	100	18.850815	628.3605
6	6	116.4163	100	16.416339	547.2113
7	7	113.9088	100	13.908829	463.6276
8	8	111.3261	100	11.326094	377.5365
9	9	108.6659	100	8.665877	288.8626
10	10	105.9259	100	5.925853	197.5284

```
#####元利均等償却#####
v<-1/(1+i)
a<-P/v/(1-v^n)*(1-v)
c<-rep(a,n)
SS<-c(P,rep(0,n))
for (j in 1:n){
SS[j+1]<-SS[j]*(1+i)-a
PP[j]<-SS[j]-SS[j+1]
}
S<-SS[1:n+1]
hyo2<-data.frame(年度=nendo，返済額=c，元本償却=PP，利息償却=c-PP，債務残高
=round(S,digits=4))
hyo2
```

	年度	返済額	元本償却	利息償却	債務残高
1	1	117.2305	87.23051	30.000000	912.7695
2	2	117.2305	89.84742	27.383085	822.9221
3	3	117.2305	92.54284	24.687662	730.3792
4	4	117.2305	95.31913	21.911377	635.0601
5	5	117.2305	98.17870	19.051803	536.8814
6	6	117.2305	101.12406	16.106442	435.7573
7	7	117.2305	104.15779	13.072720	331.5995
8	8	117.2305	107.28252	9.947986	224.3170
9	9	117.2305	110.50100	6.729511	113.8160
10	10	117.2305	113.81603	3.414481	0.0000

1.3 保 険 料 計 算

1.3.1 一時払保険料（保険金現価）

養老保険は保険期間中の死亡に際し保険金を支払い，保険期間満了時（満期）にも同額の保険金を支払う．保険期間が n 年，死亡時点に保険金 1 を支払う即時払の養老保険の一時払保険料（保険金現価）は，

$$Z = \begin{cases} v^T, & 0 \leq T \leq n \\ v^n, & n < T \end{cases} \tag{1.31}$$

したがって，この確率変数 Z の期待値をとると，

$$\bar{A}_{x:\overline{n}|} = \int_0^n v^t \, {}_tp_x \mu_{x+t} dt + v^n \, {}_np_x \tag{1.32}$$

となる．

終身保険とは $n = \infty$，定期保険とは満期保険金が 0 の養老保険と考えることができる．それぞれの一時払保険料（保険金現価）は，$\bar{A}_x$，$\bar{A}^1_{x:\overline{n}|}$ と表す．

$$\bar{A}_x = \int_0^\infty v^t \, {}_tp_x \mu_{x+t} dt \tag{1.33}$$

$$\bar{A}^1_{x:\overline{n}|} = \int_0^n v^t \, {}_tp_x \mu_{x+t} dt \tag{1.34}$$

次に，終身保険の一時払保険料の分散を求めてみよう．

$$\bar{A}_x = \int_0^\infty v^{2t} \, {}_tp_x \mu_{x+t} dt - (\bar{A}_x)^2 = {}^2\bar{A}_x - \bar{A}_x^2 \tag{1.35}$$

となる．ここで新たに現価率を 2 乗にした記号 ${}^2\bar{A}_x$ を導入した．定期保険や養老保険でも同様の式が成り立つ．

1.3.2 生 命 年 金

生命年金とは，生存を条件に定期的に一定金額を支払う約束である．確定年金とは生死にかかわらず支払う点が異なる．終身年金とは死亡するまで支払い続ける生命年金であり，一般に公的年金の老齢年金給付は終身年金である．x

歳開始の年1回期始払，期末払の終身年金 $\ddot{a}_x$, a_x の現価は，それぞれ

$$\ddot{a}_x = \sum_{t=0}^{\infty} v^t \, _tp_x, \quad a_x = \sum_{t=1}^{\infty} v^t \, _tp_x \tag{1.36}$$

期始払の終身生命年金現価は T の整数部をとる（切り捨て）確率変数 K を導入することで求められる．

$$\ddot{a}_x = E\left[\sum_{k=0}^{\infty} v^k I_{K\geq k}\right] = \sum_{k=0}^{\infty} v^k \, _kp_x \tag{1.37}$$

ここで 1_A は指標関数（A が成り立てば 1，そうでなければ 0）である．ところで，終身生命年金の現価は $1+v+v^2+\cdots+v^K = \frac{1-v^{K+1}}{1-v} = \frac{1-v^{K+1}}{d}$ なので，期待値をとると，以下の等式が成り立つことがわかる．

$$\ddot{a}_x = \frac{1-A_x}{d} \tag{1.38}$$

また，分散をとれば $\frac{^2A_x - A_x^2}{d^2}$ であることがわかる．

年金の支給開始が m 年据え置かれる場合の年1回期始払，期末払の据置年金の現価 $_{m|}\ddot{a}_x$, $_{m|}a_x$ は，

$$_{m|}\ddot{a}_x = \sum_{t=m}^{\infty} v^t \, _tp_x, \quad _{m|}a_x = \sum_{t=m+1}^{\infty} v^t \, _tp_x \tag{1.39}$$

年金支給期間が有期（n 年）の場合には有期生命年金となり，その現価は，

$$\ddot{a}_{x:\overline{n|}} = \sum_{k=0}^{n-1} v^t \, _tp_x, \quad a_{x:\overline{n|}} = \sum_{k=1}^{n} v^t \, _tp_x \tag{1.40}$$

生命年金現価は，年金給付の一時払保険料を表すが，年払平準保険料1当たりの収入を表す現価として用いられる．

1.3.3 年払純保険料

x 歳加入 n 年満期の養老保険の年払純保険料 $\bar{P}_{x:\overline{n|}}$ は将来にわたる保険金支払現価の期待値と，保険料収入現価の期待値を等価とおくことで求められる（収支相等の原則）．

$$\bar{P}_{x:\overline{n|}} \ddot{a}_{x:\overline{n|}} = \bar{A}_{x:\overline{n|}} \Rightarrow \bar{P}_{x:\overline{n|}} = \frac{\bar{A}_{x:\overline{n|}}}{\ddot{a}_{x:\overline{n|}}} \tag{1.41}$$

保険料払込期間 (m) が保険期間 (n) より短いときは ${}_m\bar{P}_{x:\overline{n|}}$ と表記し，保険料収入現価の式にある生命年金現価の満期を m に置き換えて計算する．

終身保険や定期保険の年払純保険料は，それぞれ ${}_m\bar{P}_x$, ${}_m\bar{P}^1_{x,\overline{n|}}$ と表記し，

$$
{}_m\bar{P}_x = \frac{\bar{A}_x}{\ddot{a}_{x:\overline{m|}}}, \quad {}_m P^1_{x,\overline{n|}} = \frac{\bar{A}^1_{x:\overline{n|}}}{\ddot{a}_{x:\overline{m|}}} \tag{1.42}
$$

1.3.4 計算基数

保険料や責任準備金の計算を簡便に行うためにアクチュアリーによって計算基数 (commutation functions) というものが開発された．現在ではコンピューターの普及により，直接計算しても計算の効率性に支障はないが，計算の見通しをよくするために本書では計算基数を使用することにする．

まず定義から始める．生存基数，累積生存基数，（即時払）死亡基数，（即時払）累積死亡基数，D_x, N_x, $\bar{C}_x$, $\bar{M}_x$ は，

$$
D_x = v^x l_x, \quad N_x = \sum_{k=0}^{\infty} D_{x+k}, \quad \bar{C}_x = v^{\frac{1}{2}} d_x, \quad \bar{M}_x = \sum_{k=0}^{\infty} \bar{C}_{x+k} \tag{1.43}
$$

と定義される．

例えば養老保険の一時払保険料は，

$$
\bar{A}_{x:\overline{n|}} = \int_0^n v^t {}_t p_x \mu_{x+t} dt + v^n {}_n p_x \sim \sum_{k=0}^n v^{\left(k+\frac{1}{2}\right)} {}_{t|}q_x + v^n {}_n p_n \tag{1.44}
$$

ここで積分の近似は，死亡の発生が保険年度の中央で発生し，その対応で年央の $k+\frac{1}{2}$ 年で割り引いている．この式を書き換えると，

$$
(1.40) = \sum_{k=0}^n \frac{v^{x+k+\frac{1}{2}} d_x}{v^x l_x} + \frac{v^{x+n} l_{x+n}}{v^x l_x} = \frac{\bar{M}_x - \bar{M}_{x+n}}{D_x} + \frac{D_{x+n}}{D_x} \tag{1.45}
$$

一方，n 年支払の期始払生命年金現価は，

$$
(1.36) = \sum_{k=0}^{n-1} v^t {}_t p_x = \sum_{k=0}^{n-1} \frac{v^{x+t} l_{x+t}}{v^x l_x} = \frac{\sum_{k=0}^{n-1} D_{x+k}}{D_x} = \frac{N_x - N_{x+n}}{D_x} \tag{1.46}
$$

これを年払純保険料の式 (1.37) に代入すると

$$
\bar{P}_{x:\overline{n|}} \sim \frac{\bar{M}_x - \bar{M}_{x+n} + D_{x+n}}{N_x - N_{x+n}} \tag{1.47}
$$

同様に，終身保険や定期保険の年払純保険料も計算基数で表すことができる．

R による計算例 3（計算基数と純保険料）

(1) 計算基数表を作成するプログラムを作ってみよう．生命表と同じ前提で予定利率 $i = 1.5\%$ の D_x, $\bar{C}_x$, N_x, $\bar{M}_x$ を計算し，表を作成する．

```
Dx<-Cx<-Nx<-Mx<-rep(0,108)
v<-1/1.015
Dx<-v^(0:107)*lx  #べき乗 (0-107) のベクトルを作成
Cx<-v^(0:107+0.5)*dx
Nx<-rev(cumsum(rev(Dx)))     #最終年齢から累積する
Mx<-rev(cumsum(rev(Cx)))
KISU<-data.frame(DX=round(Dx,digits=0),CX=round(Cx,digits=0),
NX=round(Nx,digits=0),MX=round(Mx,digits=0))
KISU
1      100000  107  4613633  32056
2       98416   73  4513633  31949
3       96889   47  4415217  31875
4       95410   29  4318329  31828
5       93971   20  4222919  31799
------------(中略)------------
104         12    7       19     12
105          5    3        7      4
106          2    1        2      1
107          0    0        1      0
108          0    0        0      0
```

(2) 基数表ができれば，いろいろな保険の純保険料を求めるのは簡単である．

まず，30 歳加入 30 年満期保険金 1 の定期保険，純粋生存保険，養老保険の純保険料は，TEIKI，SEIZON という年払保険料の計算関数を定義して実行すると，

```
TEIKI<-function(x,n){
(Mx[x+1]-Mx[x+n+1])/(Nx[x+1]-Nx[x+n+1])
}
SEIZON<-function(x,n){
Dx[x+n+1]/(Nx[x+1]-Nx[x+n+1])
}

> TEIKI(30,30)
```

```
[1] 0.002874324
> SEIZON(30,30)
[1] 0.02500243
> TEIKI(30,30)+SEIZON(30,30)
[1] 0.02787676
```

と簡単に保険料が求められる．

1.4　責　任　準　備　金

責任準備金の概念を理解するためには，まず死亡率は無視して n 年後に 1 を支払う債務を負っている保険会社を考えるとわかりやすい．一時払保険料 $A_{\overline{n|}} = v^n$ であり，ちょうど t 年後 $(0 \leq t \leq n)$ の時点で評価すると，

$$A_{\overline{n-t|}} = A_{\overline{n|}}(1+i)^t = v^{n-t} \tag{1.48}$$

これは一時払保険料を t 年間複利運用した結果（終価）と，n 年後の保険金 1 の t 時点での現価が一致することを示している．前者を「過去法」による責任準備金，後者を「将来法」による責任準備金といい，一般の責任準備金においても両者は一致する．

また保険会社は t 時点で，責任準備金に相当する財産を保有していなければ n 時点での支払責任を全うすることができない．すなわち，保険会社は責任準備金を決算年度末に債務として認識しておかなければ保険金の支払に支障をきたすことになる．この意味で，責任準備金の正確な評価はアクチュアリーの最も重要な業務の 1 つとなるのである．

もう少し複雑な場合を考える．現時点から n 年間にわたり毎年発生する収入と支出のキャッシュフロー列 $c_k, b_k, k = 0, 1, \cdots, n$ を考える．年利率 i は一定とし $U(t) = \sum_{k=0}^{n}(c_k - b_k)(1+i)^{t-k}$ とおくと，$U(0) = 0$ かつ $t \geq 1$ のとき，

$$U(t) = (1+i)U(t-1) + c(t) - b(t) \tag{1.49}$$

または，　$\Delta U(t) = iU(t-1) + c(t) - b(t)$

同様に，$U(t) = \sum_{k=0}^{n}(b_k - v_k)v^{t-k}$ とおくと，$V(n) = 0$，$V(n-1) = bv$ か

つ $t \leq n-2$ のとき,

$$V(t) = v(V(t+1) + b_{t+1} - c_{t+1}) \tag{1.50}$$

または, $\quad \Delta V(t) = dV(t) + v(c_t - b_t)\,(d = 1 - v)$

となる．保険契約を保険者と契約者という2つの経済主体の取引と考えると, $b_t \Leftrightarrow c_t$ のキャッシュフローの交換が公平であるためには $U(n) = 0$ でなければならない．これは,

$$\sum_{k=0}^{n}(c_k - b_k)(1+i)^{n-k} = 0 \tag{1.51}$$

すなわち, $\quad \displaystyle\sum_{k=0}^{n}(c_k - b_k)(1+i)^{-k} = \sum_{k=0}^{n}(c_k - b_k)v^k = 0$

が成立することを意味する．特に, $V(0) = c_0 - b_0$ である． $t > 0$ の場合には $k \leq t,\ t < k$ の2つに分けて,

$$\sum_{k=0}^{t}(c_k - b_k)v^{-k} + \sum_{k=t+1}^{n}(c_k - b_k)v^{-k} = 0 \tag{1.52}$$

これに v^t を乗じて,

$$\sum_{k=0}^{t}(c_k - b_k)(1+i)^{t-k} = \sum_{k=t+1}^{n}(b_k - c_k)(1+i)^{t-k} \tag{1.53}$$

が成立するので, $U(t) = V(t)$ となる． $U(t)$ は **過去法責任準備金**, $V(t)$ は **将来法責任準備金** と呼んでいる．連続時間の場合には,

$$\int_{s=0}^{t}(c_s - b_s)e^{\delta(t-s)}ds = \sum_{s=t}^{n}(b_s - c_s)e^{-\delta(t-s)} \tag{1.54}$$

以上のことから養老保険の t 年後の責任準備金 ${}_t\bar{V}_x$ を求めることにしよう．将来法で考えると（ t 時点における保険金の支出現価 t 時点における保険料の収入現価）であるから

$${}_t\bar{V}_x = \bar{A}_{x+t:\overline{n-t|}} - \bar{P}_{x:\overline{n|}}\ddot{a}_{x+t:\overline{n-t|}} \tag{1.55}$$

これを計算基数で表現すると,

1.4 責任準備金

$$_t\bar{V}_x^p = \frac{\bar{M}_{x+t} - \bar{M}_{x+n} + D_{x+n}}{N_{x+t} - N_{x+n}} - P_{x:\overline{n}|}\frac{N_{x+t} - N_{x+n}}{D_{x+t}} \tag{1.56}$$

これに対応する過去法の責任準備金の計算基数による表現は,

$$_t\bar{V}_x^r = \frac{N_x - N_{x+t}}{D_{x+t}}P_{x:\overline{n}|} - \frac{\bar{M}_x - \bar{M}_{x+t}}{D_{x+t}} \tag{1.57}$$

この両者が一致することは簡単な計算で確かめることができる(確認は読者に任せる).

R による計算例 4(責任準備金)━━━━━━━━

養老保険の責任準備金を計算する関数を書いてみよう.これを使って 30 歳 10 年満期,40 歳 10 年満期の各年の責任準備金を求めてみよう.30 歳の 0 年目は誤差があり 0 になっていない.引数を配列 (0:10) で与えても答えが出てくることに注意.また,計算基数の添え字と 1 つずれていることにも注意.

```
V<-function(x,n,t){
(Mx[x+t+1]-Mx[x+n+1]+Dx[x+n+1])/Dx[x+t+1]-(Mx[x+1]-Mx[x+n+1]+Dx[x+n+1])
/(Nx[x+1]-Nx[x+n+1])*(Nx[x+t+1]-Nx[x+n+1])/Dx[x+t+1]
}
> V(30,10,0:10)
 [1]-1.110223e-16  9.315790e-02  1.877676e-01  2.838480e-01  3.814313e-01
 [6] 4.805394e-01  5.811898e-01  6.834292e-01  7.872779e-01  8.927927e-01
[11] 1.000000e+00
> V(40,10,0:10)
 [1] 0.00000000 0.09314677 0.18769432 0.28368470 0.38114436 0.48013149
 [7] 0.58068548 0.68289202 0.78678810 0.89246456 1.00000000
```

2 年金数理

この章では，年金制度の加入者のデータから多重脱退残存表や昇給率を決定し，財政方式を選択し，それにもとづく保険料や責任準備金を計算し，年金制度の長期の収支シミュレーションを行うまでのプロセスをRを使って実行してみることにする．副産物として，Rの特徴である行列演算を使うとプログラムが簡潔に書けることを学ぶ．

2.1 生命保険数理と年金数理

年金数理も基本は生命保険数理（生保数理）と同じ収支相等原則に従っており（将来収入の現価）＝（将来支出の現価）が成り立つように保険料を定める．しかし，年金数理には生命保険数理と大きく異なる点がいくつかある．

- 年金制度はある集団（国民や企業）での収支均衡が図られればよいので，個人ごとの収支相等原則は必ずしも要求されないこと．多くの場合，保険料の拠出者は被保険者個人ではないこと．例えば多くの企業年金の保険料は企業が支払っている．
- また個々の制度はそれぞれの制度内で積立金を保有すること．
- 最後に定期的な収支均衡を回復する仕組みがあり，積立金の過不足は事後的に調整可能であること．

さらに，さまざまな給付が年金制度から提供されるため計算基礎率の種類も生命保険よりも多く，通常は多重脱退残存表や昇給率（給与指数）などを使用していることがあげられる．

2.2　多重脱退，定常人口，極限方程式

2.2.1　多重脱退

　生命表の作成では経験死亡率を算出する方法論について述べたが，年金制度では死亡による脱退だけではなく，通例は，生存中の脱退，特に企業などの集団からの脱退（中途退職）を考えることが多い．このように複数の脱退事由があるときには多重脱退モデルを用いる必要がある．

　ここでは年金制度において死亡脱退 ($J=1$) と生存脱退 ($J=2$) があるものとしよう．T を集団に残存する時間とすると，T と J の結合確率分布を確率密度関数 $g_1(t)$, $g_2(t)$ によって表現すると，

$$g_j(t) = P(t < T < y + dt, J = j) \tag{2.1}$$

は微小期間 $(t, t+dt)$ における j 事由での脱退する確率を表し，総脱退 $g(t)$ の確率は，

$$g(t) = P(t < T < t + dt) = \sum_{j=1}^{2} P(t < T < t + dt, J = j) = g_1(t) + g_2(t) \tag{2.2}$$

となる．脱退があったときに，それが j 事由になる条件付確率は，

$$P(J = j | T = t) = \frac{g_j(t)}{g(t)} \tag{2.3}$$

である．多重脱退の場合の生命表に当たるものが多重脱退残存表である．

　死亡率と同様に j 事由脱退率 ${}_t q_x^j = P(T < t, J = j)$ が定義されると，以下のように脱退残存表が作成できる．$[T]$ は多重脱退残存表での残存者を表すが，この章では以降，省略する．

$$p_x^{[T]} = 1 - q_x^1 - q_x^2$$
$$l_{x+1}^{[T]} = l_x^{[T]} p_x^{[T]}$$
$$d_x^j = l_x^T q_x^j, \ j = 1, 2$$

生命保険数理の生命表のところで述べた死亡率の推定方法は多重脱退の場合に

も拡張される．経過契約と総脱退数を E_x, D_x とする．脱退事由 j による脱退者数を $D_x^j, j = 1, 2, \cdots, m$ とすると，

$$D_x^1 + D_x^2 + \cdots + D_x^m = D_x \tag{2.4}$$

が成り立つ．脱退力が各年度で一定と仮定すると $\mu_{x+u}^j = \mu_{x+\frac{1}{2}}^j, 0 < u < 1$ が成立し，n 人の加入者が独立のときには尤度関数は，

$$\prod_{j=1}^m (\mu_{x+\frac{1}{2}})^{D_x^j} e^{-(\mu_{x+\frac{1}{2}} E_x)} \tag{2.5}$$

最尤推定量は $\hat{\mu}_{x+\frac{1}{2}}^j = \frac{D_x^j}{E_x}$ である．脱退率については $\hat{q}_x^j = \frac{D_x^j}{D_x}\hat{q}_x$ が成立する．

企業年金制度では生存脱退率の決定方法として外枠方式と内枠方式の2つがある．前者は死亡脱退と生存脱退を分けて，それぞれの脱退数を経過契約で割って求めるものである．後者は総脱退率を求めてから死亡率を差し引いたものを生存脱退とするものである．死亡脱退について実績を用いるのであれば両者に違いはないが，多くの場合，信頼に足る死亡率の実績がとれないため，共通の予定死亡率を使うことが多いのでこの場合には違いが出てくる．

さらに，年金制度でよく使われる計算基礎率に給与指数（昇給率）がある．確定給付制度では給付額が給与×支給乗率で決定されることが多い．その場合には，将来の年金給付額を推定するために現在の給与から退職時点の給与の伸びを予測する必要がある．このため，測定時点の加入者の給与分布から年齢別の実績の平均給与にもとづきモデル給与 B_x を推定する．モデル給与の推定には回帰分析などの手法を用いる．給与指数は $b_x = \frac{B_x}{B_{x_0}}$ で，ある基準年齢 x_0 の給与を1として指数化したものであり，昇給率は $r_x = \frac{B_{x+1}}{B_x}$ と年齢による給与の伸び率で表したものである．

年金制度の生存脱退率や給与指数は通例，その集団の実績データから計算されることが多い．測定時点の加入者の生年月日，制度加入年月日，月例給与からは給与指数が，さらに過去3年程度の脱退者の生年月日，制度加入年月日，退職年月日のデータが得られれば脱退事由別の粗脱退率が求められる．

R による計算例 5（脱退率と給与指数）

企業年金制度は統計的に安定するのに十分な加入員規模があるとは限らず，

2.2 多重脱退, 定常人口, 極限方程式

表 2.1 企業年金制度の脱退率, 給与指数算出データ

年齢群団	加入者数	脱退者数	給与調査対象者数	平均給与
20～24 歳	138	9	85	23.2
25～29 歳	67	2	87	26.8
30～34 歳	165	6	96	32.7
35～39 歳	154	3	103	42.5
40～44 歳	145	2	125	46.8
45～49 歳	135	2	138	47.5
0～54 歳	143	2	120	47.8
55～59 歳	152	1	145	47.5

その場合には脱退率も不安定になる．そのため，何らかの補整法を利用することが行われる．表2.1のような仮想的な脱退実績のデータがあったとしよう．

脱退率の補整に対して，ここでは，年齢の多項式による非線形回帰を行うことにより，滑らかな曲線を得ることにする．非線形回帰の関数は，nls(y~f(x),start.weights)（yは応答変数，fは関数，xは説明変数）の形である．また，初期値や加重ベクトルを指定できる．線形の回帰と同様に係数は残差を最小にするよう最適化して決定されるが，残差の2乗和に重みをつけるかどうかという選択肢がある．一般には分母による重み付けを行う方が好ましい（図2.1）．

次に，給与指数は，入社年齢を定期採用年齢に絞り込む（例えば18～25歳）ことによって，中途入社の影響を除いたモデル給与を算出する処理を行っている．その後，脱退率と同様に，モデル給与を指数化するために線形ないし非線形の回帰分析などを行うことになる．ここでは線形回帰（加重なし），線形回帰（人数加重），2次関数回帰（人数加重）を試みたが，この中では2次関数の当てはまりがよいことは図2.1，2.2から見ても明らかである．

```
#脱退率
x<-c(22,27,32,37,42,47,52,57)   #年齢5歳群団の中央年齢
bunbo<-c(138,67,165,154,145,135,143,152)    #年齢群団の人数（分母）
bunshi<-c(9,2,6,3,2,2,2,1)
#脱退率補整
(result<-nls(soqw~a+b*x+c*x^2,start=c(a=0.01,b=0,c=0),weights=bunbo))
Nonlinear regression model
  model:   soqw ~ a + b * x + c * x^2
   data:   parent.frame()
```

図 2.1 脱退率の補整

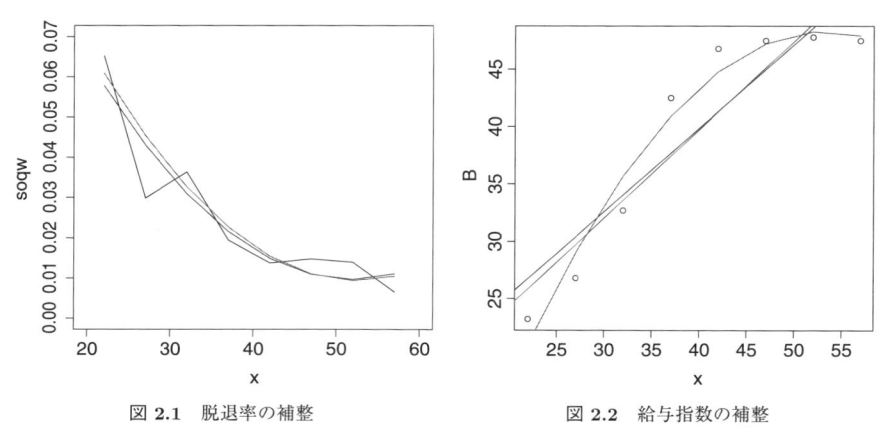

図 2.2 給与指数の補整

```
            a          b         c
      1.618e-01 -5.806e-03   5.529e-05
      weighted residual sum-of-squares: 0.03029


Number of iterations to convergence: 1
Achieved convergence tolerance: 4.427e-08
#給与指数
n<-c(85,87,96,103,125,138,120,145)   #年齢群団の人数（分母）
B<-c(23.2,26.8,32.7,42.5,46.8,47.5,47.8,47.5)   #平均給与
kyuyodata<-data.frame(nenrei=x,kyuyo=B,ninzu=n)
#給与指数補整
lm1<-lm(kyuyo~nenrei,data=kyuyodata)   #線形単回帰
plot(x,B)                #年齢別給与の散布図
abline(lm1,col="red")    #理論直線
lm2<-lm(kyuyo~nenrei,weights=n,data=kyuyodata)    #線形単回帰（人数加重）
par(new=T)   #重ね書き
abline(lm2,col="blue")    #理論直線
lm3<-nls(kyuyo~a+b*nenrei+c*nenrei^2,start=c(a=10,b=0.7,c=0),
trace=T,data=kyuyodata)   #多項式回帰
par(new=T)
lines(x,fitted(lm3),col="brown")   #理論カーブ
```

2.2.2 定常人口

定常人口とは，毎年一定の出生があり生命表どおりの死亡が発生し，ほかからの移入・移出がなければ究極的に到達する人口の状態をいう．このときには各年齢の人口は一定となりその分布は生命表の生存者数/全人口の比率になる．企業などの団体においても，毎年一定の採用があり，予定の脱退率や死亡率どおりに従業員数が減少するとついには定常人口になる．実際には定常人口はなかなか実現できるものではないが，理想状態として定常人口を考えると理論的な見通しがよくなるため，定常人口の考え方は重要である．

2.2.3 極限方程式

年金制度の財政を考えるために定常人口の下での収支均衡の状況を考えてみよう．年金制度の期始，期末の積立金をそれぞれ F_0, F_1 とし，給付 B と保険料 C が期始で発生したとすると，

$$F_1 = (1+i)(F_0+(B-C)) \to v\Delta F = C-B+dF_0, \quad \Delta F = F_1-F_0 \quad (2.6)$$

が成立している．確定給付制度では定常状態において給付総額 B は一定となり，C と F も究極的には一定になる．すると上の式は

$$C + dF = B \quad (2.7)$$

が成立することになる．この式は定常状態であってもすぐに成立するとは限らないが，十分時間がたてば成立するため極限方程式と呼ばれている．財政方式によってこの究極の F の水準が異なるため，財政方式の分類に用いることができる．

R による計算例 6（定常人口）

ある年金の被保険者集団があり，20〜59歳の総脱退率が年齢の関数で 20〜29 歳は 3%，30〜49 歳は毎年 0.1% ずつ下がり 50 歳で 1% となり，その後 59 歳までは 1% が続くものと仮定する．60 歳からは死亡脱退しかないため死亡率のみで減少するとする．毎年 100 人が制度に加入するときの定常人口の規模は何人だろうか？

```
q<-read.table("shibouritu07M.txt",header=T)
```

```
w<-c(rep(0.03,10),seq(0.03,0.01,by=-0.001),rep(0.01,9),q[61:108,2])
e<-rep(0,88)
e[1]<-100
for (i in 1:88){
ee<-e*(1-w)
e<-c(100,ee[-88])
}
round(e,digits=0)
 [1] 100  97  94  91  89  86  83  81  78  76  74  72  69  68  66  64  62
[18]  61  59  58  57  56  55  54  53  52  51  51  50  49  49  48  48  47
[35]  47  46  46  45  45  45  44  44  43  43  42  42  41  41  40  39  39
[52]  38  37  36  35  34  32  31  30  28  27  25  24  22  20  18  16  14
[69]  12  11   9   7   6   5   3   3   2   1   1   0   0   0   0   0   0
[86]   0   0   0
sum(e)
[1] 3506.542
```

答えは上のとおり 3506.5 人である．これは $100 \times \sum_{t=0}^{\omega} \frac{l_{20+t}^{[T]}}{l_{20}^{[T]}}$ （1 + 20 歳の略算平均残存年数）である．すなわち，定常状態においては，新規加入者は総人口を 1+ 略算平均残存年数 $e_x^{[T]}$ で割った数となる．

2.3 　財政方式と保険料および積立金

2.3.1 　財 政 方 式

年金制度の財政方式とは，制度から支払われる年金その他の給付財源の準備方式を表している．確定給付 (defined benefit) 制度では年金規定により，加入者や受給者が所定の条件に合致した場合にいくらの給付金額が支払われるかが明記されている．確定拠出 (defined contribution) 制度では，個人勘定に定期的に払い込むべき保険料が定められているが，所定の条件に達したときに支払われる給付金額は予め決まっていない．個人勘定での運用は個人の裁量に任されるため運用結果がどうなるか予測できないからである．

年金数理は確定給付制度における財政計画を扱うものである．生命保険数理で見てきたように，将来のある時点での給付が決まっていれば，その現価を計算することで現在準備すべき給付現価の総額が求められるであろう．もし，一

表 2.2 財政方式の分類

財政方式			記号
1. 賦課方式			P
2. 退職時年金現価積立方式			T
3. 事前積立方式	(1) 単位積立方式		U
	(2) 平準積立方式	a. 加入年齢方式	E
		b. 閉鎖型総合保険料方式	CA
		c. 到達年齢方式	A
		d. 個人平準保険料方式	I
	(3) 加入時積立方式		In
	(4) 完全積立方式		Co
4. その他の財政方式	開放型総合保険料方式		OA

時にこれを払い込むことができれば，これも1つの財政方式となり，「完全積立方式」と呼ばれる．もう一方の極端は積立金を一切保有せずに給付が出るたびに保険料を拠出する方式であり，これを「賦課方式」と呼んでいる．あらゆる財政方式は，この両極端の間にある．財政方式は，定常状態と呼ばれる財政均衡状態における積立金の水準によって分類される．表2.2はこれから説明する財政方式を積立金の水準の低い順番に並べたものである．

2.3.2 トローブリッジモデル

さまざまな給付建て制度の年金規定は，非常に多様であり，財政方式の数理を説明するには記号や計算式が煩雑になってしまうため本質を失わない限りで，単純化した制度設計のモデルで説明した方がわかりやすい．このため年金数理の教科書では米国のアクチュアリーのトローブリッジ (Charles L. Trowbridge) が考案した次のような単純な制度で財政方式論を展開する．

- 給付　　：年1回期始払終身支給の老齢年金
- 給付額　：年額1
- 受給資格：定年に達したとき

これから議論するのはすでに定常状態に達した人口の下における財政方式であり，以下の記号を用いる．

- x_e：制度加入年齢
- x_r：定年年齢
- x_ω：最終年齢

- l_x：定常状態における x 歳の加入者（受給者）の人数
- B：年金給付総額（期始払）
- C：年間保険料（期始払）
- F：積立金

ここで，定常状態においては年金給付総額は毎年一定であり，積立金の水準も長期的には一定水準に収束することに注意する．

a. 賦課方式

純粋の賦課方式 (pay-go method) の保険料は年間給付総額に一致し，積立金は 0 である．多くの先進国の公的年金は賦課方式で運営されている．もっとも，実際の賦課方式の公的年金制度では給付額の変動に備えて 1〜2 年分の積立金を保有する場合が多い．日本の厚生年金は 5 年分程度の積立金を保有しているが，最終的には 1 年分の積立金しか保有しない計画になっている．給付額 B は，$1 \times$ 年金受給者総数 なので

$$^P C = B, \quad B = \sum_{x=x_r}^{x_\omega} l_x \ddot{a}_x, \quad {}^P F = 0 \qquad (2.8)$$

賦課保険料では積立金利息がないので，年間保険料の水準はあらゆる財政方式の中で最大となる．

b. 退職時年金現価積立方式

退職時年金現価積立方式 (terminal funding method) とは，退職時点で将来の年金現価を一時に払い込む方式である．定常状態では，

$$^T C = l_{x_r} \ddot{a}_{x_r}, \quad {}^T F = \sum_{x_r+1}^{x_\omega} l_x \ddot{a}_x \qquad (2.9)$$

ここで，受給者給付現価 $S^r = \sum_{x=x_r}^{x_\omega} l_x \ddot{a}_x = {}^T C + {}^T F$ を導入する．

c. 単位積立方式

単位積立方式 (unit credit method) とは，退職時の年金額を制度加入時から定年までの期間，毎年均等に分割した年金を 1 単位として積み増してゆく積立方式である．このモデルでは，年金額が 1 なので 1 単位は $\frac{1}{x_r - x_e}$ となり，x 歳の加入員の x_r 歳開始の据置年金 $_{x_r-x|}\ddot{a}_{x_r}$ を乗じたものが 1 人当たりの保険料となる．したがって，制度全体の保険料は

$$^UC = \frac{1}{x_r - x_e} \sum_{x=x_e}^{x_r-1} l_x \,_{x_r-x|}\ddot{a}_{x_r} \qquad (2.10)$$

である．

積立金 ^UF は，x 歳の加入員については $\frac{x-x_e}{x_r-x_e}$ 単位，受給者については年金 1 の年金受給権が発生しているので，

$$\frac{1}{x_r - x_e} \sum_{x=x_e}^{x_r-1} (x-x_e) l_x \,_{x_r-x|}\ddot{a}_{x_r} + \sum_{x_r}^{x_\omega} l_x \ddot{a}_x \qquad (2.11)$$

この式の第 2 項は $S^r = {}^TC + {}^TF$ に一致していることに注意されたい．この第 1 項を $S^{a,p}$（過去期間対応の加入者給付現価）と記す．

d．加入年齢方式

加入年齢方式 (entry age normal method) では標準的な制度の新規加入者（標準者）についてまず収支相等する保険料を算出し，これを加入者全員に適用する．そうすると，制度発足時点の加入員（現在加入者）は保険料の払込期間が標準者より短いので年金給付に必要な原資の積み立てに不足する．この不足額をすべての加入者について合計して制度全体の債務（過去勤務債務 [past service liability：PSL] と呼ぶ）を把握し，その償却のために別途，保険料を徴収する．この保険料を特別保険料（ないし PSL 保険料）と呼ぶ．これを具体的な計算式で表すと，標準保険料率 ^EP と標準保険料 ^EC は，

$$^EP = {}_{x_r-x_e|}\ddot{a}_{x_r} / \ddot{a}_{x:\overline{x_r-x_e|}} \qquad (2.12)$$

$$^EC = {}^EP \times \sum_{x=x_e}^{x_r-1} l_x$$

発足時の過去勤務債務は，まず x 歳の加入者に対し $_{x_r-x|}\ddot{a}_{x_r} - {}^EP\ddot{a}_{x:\overline{x_r-x|}}$ であるので，制度全体では受給者分も加えて，

$$\sum_{x=x_e}^{x_r-1} l_x({}_{x_r-x|}\ddot{a}_{x_r} - {}^EP\ddot{a}_{x:\overline{x_r-x|}}) + \sum_{x=x_r}^{x_\omega} l_x \ddot{a}_x \qquad (2.13)$$

e．個人平準保険料方式

個人平準保険料方式 (individual level premium method) は，加入者個人で収支相等する保険料を賄う財政方式である．制度発足時に x 歳の加入者の保険

料は $^I P_x = {}_{x_r-x|}\ddot{a}_{x_r}/\ddot{a}_{x:\overline{x_r-x|}}$ となり，年齢の増加関数である．また加入年齢方式の標準保険料率 $_E P$ とは，$^I P = {}^E P + ({}^I P - {}^E P)$ の関係がある．

保険料総額では，初年度は受給者分の一時払保険料 ($= {}^T F + {}^T C$) が加わるが，次年度 ($n \geq 2$) 以降は新規加入者が加わってゆくため，

$$_I C_1 = \sum_{x=x_e}^{x_r} l_x \, {}^I P_x + ({}^T F + {}^T C) \tag{2.14}$$

$$_I C_n = \sum_{x=x_e}^{x_e+n-2} l_x \, {}^E P_x + \sum_{x=x_e+n-1}^{x_r-1} l_x \, {}^I P_{x+n-1} \tag{2.15}$$

$$= \sum_{x=x_e}^{x_r-1} l_x \, {}^E P_x + \sum_{x=x_e+n-1}^{x_r-1} l_x ({}^I P_{x+n-1} - {}^E P)$$

これから，$n > x_r - x_e$ では $^I C_n = {}^E C$ である．

f. 閉鎖型総合保険料方式

閉鎖型総合保険料方式 (closed aggregate cost method) は，加入者・受給者全員の給付現価を平準的な保険料で賄おうとするものである．加入者総数 L，総給付現価 S，総人数現価 G を表 2.3 のように定義する．

初年度は，保険料率は $^C P_1 = \frac{S}{G}$，保険料総額は $^C C_1 = L \times \frac{S}{G}$．次年度以降 ($n \geq 2$) は積立金 $^C F_n$ が形成されるので，

$$^C P_n = \frac{S - {}^C F_n}{G} \tag{2.16}$$

$$^C C_n = {}^C P_n L = \frac{S - {}^C F_n}{\frac{G}{L}}$$

n が大きくなると $^C F_n \to {}^E F$ となることが知られている．

g. 到達年齢方式

到達年齢方式 (attained age normal method) とは，制度発足時点における将来勤務期間 ($x_r - x$) に対応する給付に対し，同じ期間の平準保険料を各加入者に適用し，過去勤務期間については別途償却する方式である．個人平準保険料方式では過去勤務期間も通算して個人ごとの保険料を算出していたが，到達

表 2.3 記号の定義

記号	L	S^a	S^r	S	G
定義式	$\sum_{x=x_e}^{x_r-1} l_x$	$\sum_{x=x_e}^{x_r-1} l_x \,_{x_r-x|}\ddot{a}_x$	$\sum_{x=x_r}^{x_\omega} l_x \ddot{a}_x$	$S^a + S^r$	$\sum_{x=x_e}^{x_r-1} l_x \ddot{a}_{x:\overline{x_r-x|}}$

年齢方式では将来期間のみの保険料としている点が違う．初年度の保険料総額 $^A C_1$ は，将来期間対応分の加入者の給付現価

$$S^{a,f} = \frac{1}{x_r - x_e} \sum_{x=x_e}^{x_r-1} (x_r - x) l_x {}_{x_r-x|} \ddot{a}_{x_r}$$

の記号を使うと，

$$^A C_1 = \frac{S^{a,f}}{G} L \qquad (2.17)$$

当初の過去勤務債務は，前に導入した過去期間対応分の加入者給付現価 $S^{p,f}$ と受給者給付現価 S^r により，

$$^A U_1 = S^{a,f} + S^r \qquad (2.18)$$

と書ける．

n 年度の保険料総額 $^A C_n$ は，

$$\begin{aligned}
^A C_n &= \frac{S - ({}^A F_n + {}^A U_n)}{G} L \\
&= \frac{S^{a,f} - ({}^A F_n + {}^A U_n) - {}^U F}{G} L \\
&= {}^A C_1 - \frac{({}^A F_n + {}^A U_n) - {}^U F}{\frac{G}{L}}
\end{aligned}$$

となるが，数理上債務 $^A V_n = {}^A F_n + {}^A U_n$ という記号を導入すると，閉鎖型総合保険料方式と同様に $^A V_\infty = {}^E F$, $^A C_\infty = {}^E C_n$ であることが示される．

h. 加入時積立方式

加入時積立方式 (initial funding method) とは，新規加入者が加入すると同時にすべての給付現価相当分を払い込む財政方式をいう．定常状態では，

$$^{In} C = l_{x_e} {}_{x_r-x_e|} \ddot{a}_{x_r}$$

$$^{In} F = \sum_{x=x_e+1}^{x_r-1} \ddot{a}_{x_r} + ({}^T F + {}^T C)$$

i. 完全積立方式

完全積立方式 (complete funding method) では，積立金の利息のみで給付を賄うために一時または数回に分けて原資を払い込む方法である．給付現価は $\sum_{t=0}^{\infty} v^t \sum_{x=x_r}^{x_\omega} l_x = \frac{1}{1-v} B = \frac{B}{d}$. 保険料総額 $^{Co}C = 0$ で積立金は $^{Co}F = \frac{B}{d}$ となる．

j. 開放型総合保険料方式

開放型とは，まだ制度に加入していない将来入ってくる見込みの加入者まで考慮する財政方式であり，現在の加入者と受給者のみを考慮する財政方式は閉鎖型と呼ぶ．開放型総合保険料方式 (open aggregate cost method) は，閉鎖型総合保険料方式の収支双方に将来加入員の現価を考慮したものとなる．将来加入員は，定常人口を維持する人数の新規加入者が永久に入ってくるものと仮定する．したがって，その給付現価 S^f，人数現価 G^f は，

$$S^f = \sum_{n=1}^{\infty} v^n l_{x_e} {}_{x_r-x|}\ddot{a}_{x_r}$$

$$G^f = \sum_{n=1}^{\infty} v^n l_{x_e} \ddot{a}_{x_e:\overline{x_r-x_e|}}$$

したがって，閉鎖型の総給付現価 S，総人数現価 G を以下のように定義し直すと，

$$S = S^a + S^r + S^f$$

$$G = G^a + G^f$$

過去勤務債務を通算する場合の保険料率は ${}^{OA}P = \frac{S}{G}$ となる．

R による計算例 7（財政方式と保険料・積立金）

ここでは，それぞれの財政方式による保険料と積立金の計算を R で実行してみよう．R は行列やベクトル計算が得意であるので，2.2.2 項で述べた定常人口の仮定から出発し，いままで出てきた式を書き直してみよう．そのために記号を導入する．

$$\mathbf{l}^{(a)} = (l_x),\ x = x_e, \cdots, x_r - 1$$

$$\mathbf{l}^{(r)} = (l_x),\ x = x_r, \cdots$$

$$\ddot{\mathbf{a}}^{(d)} = \left(\frac{N_{x_r}}{D_x}\right),\ x = x_e, \cdots, x_r - 1$$

$$\ddot{\mathbf{a}}^{(r)} = \left(\frac{N_x}{D_x}\right),\ x = x_r, \cdots$$

2.3 財政方式と保険料および積立金

$$\ddot{\mathbf{a}}^{(a)} = \left(\frac{N_x - N_{x_e}}{D_{x_e}}\right), \ x = x_e, \cdots, x_r - 1$$

$$\mathbf{ib} = \frac{1}{x_r - x_e}, \ 0, 1, 2, \cdots, x_r - x_e - 1$$

$$\mathbf{e} = (1, 1, \cdots, 1)$$

$$\mathbf{v} = (v, v^2, \cdots)$$

これから,$L = (\mathbf{l}^{(a)}, \mathbf{e})$, $B = (\mathbf{l}^{(r)}, e)$, $S^a = (\mathbf{l}^{(a)}, \ddot{\mathbf{a}}^{(d)})$, $S^r = (\mathbf{l}^{(r)}, \ddot{\mathbf{a}}^{(r)})$, $S^{(a,p)} = (\mathbf{ib} \times \mathbf{l}^{(a)}, \ddot{\mathbf{a}}^{(d)})$, $S^{(a,f)} = ((1-\mathbf{ib}) \times \mathbf{l}^{(a)}, \ddot{\mathbf{a}}^{(d)})$, $G^a = (\mathbf{l}^{(a)}, \mathbf{e} \times \ddot{\mathbf{a}}^{(a)})$, $S^f = (\mathbf{v}, \mathbf{e}) \mathbf{l}^{(a)}(1) \ddot{\mathbf{a}}^{(d)}(1)$, $G^f = (\mathbf{v}, \mathbf{e}) \mathbf{l}^{(a)}(1) \ddot{\mathbf{a}}^{(a)}(1)$ などベクトルで表すことができる.

予定利率は 3% とする.定常人口は年齢別に l に入っており,最初の 40 個は加入者数,その後の 48 個は受給者数を表す.計算基数 D, N の計算は生命保険数理で学んだとおり.後は上の式のように書いただけである.

```
v<-1/1.03;la<-l[1:40];lr<-l[41:88]
D<-(v^(0:87))*l;N<-rev(cumsum(rev(D)))
ad<-N[41]/D[1:40];ar<-N[41:88]/D[41:88]
aa<-(N[1:40]-N[41])/D[1:40];ib<-0:39/40
L<-sum(la);B<-sum(lr);Sa<-sum(la*ad);Sr<-sum(lr*ar);S<-Sa+Sr
Sap<-sum(ib*la*ad);Saf<-sum((1-ib)*la*ad);Ga<-sum(la*aa)
Sf<-la[1]*ad[1]*sum(v*e);Gf<-la[1]*aa[1]*sum(v*e)
c(L,B,Sa,Sr,S,Sap,Saf,Ga,Sf,Gf)
 [1]    2520.8784     985.6637  16229.4639  10436.9480  26666.4119   9473.8835
 [7]    6755.5804  32194.7328   6841.7170  51832.6812
```

保険料は賦課方式が 985,単位積立方式が $405.7 (= \frac{16229.4}{40})$ である.次に加入年齢方式と閉鎖型および総合保険料方式の保険料と単位積立方式および個人平準保険料方式の保険料率(20〜59 歳)を求める.

```
(Pea<-ad[1]/aa[1])#加入年齢方式
 [1] 0.1319962   #1 人当たり
Pea*L
 [1] 332.7464    #制度全体
PSL<-S-Pea*Ga
PSL/sum(vv[1:20])
```

```
[1] 1462.877
Pea*L+PSL/sum(vv[1:20])
[1] 1795.623    #PSL20年償却


((Sa+Sr)/Ga)    #閉鎖型総合保険料方式
[1] 0.828285    #1人当たり
((Sa+Sr)/Ga*L)
[1] 2088.006    #制度全体

((Sa+Sr+Sf)/(Ga+Gf))    #開放型総合保険料方式
[1] 0.3987762    #1人当たり
((Sa+Sr+Sf)/(Ga+Gf)*L)
[1] 1005.266    #制度全体
J<-1:40
1/40*N[42]/D[J]    #単位積立方式保険料率
 [1]  0.1319962  0.1406197  0.1498386  0.1596983  0.1702486  0.1815433
 [7]  0.1936417  0.2066083  0.2205143  0.2354375  0.2514639  0.2686883
------------------------------(省略)------------------------------
[31]  1.2734706  1.4450589  1.6600486  1.9370418  2.3070418  2.8258543
[37]  3.6050904  4.9051758  7.5073865 15.3181018
N[41]/(N[J]-N[41])    #個人別平準保険料率
 [1] 0.05043388 0.05355351 0.05686609 0.06038358 0.06411865 0.06808475
 [7] 0.07229618 0.07676811 0.08151665 0.08655892 0.09191308 0.09759843
------------------------------(省略)------------------------------
[31] 0.25129481 0.26144814 0.27201170 0.28300207 0.29443650 0.30633292
[37] 0.31871001 0.33158718 0.34498464 0.35892342
```

結果は，加入年齢方式でPSL償却を20年間とした場合は1796，閉鎖型総合保険料方式は2088，開放型総合保険料方式は1005と開放型が最も低く，次が加入年齢方式（20年償却），最も高いのが閉鎖型となった．もっとも，加入年齢方式の償却が10年ならば，2884で加入年齢方式が最も高くなる．

3 損害保険数理

この章では，損害保険数理で重要な分野である頻度分布と損害額分布の理論分布への当てはめのテクニックをとりあげる．

3.1 損害額分布・頻度分布の理論分布

損害保険数理で最も重要な分野の1つは，引き受けている一定期間内（通常1年間）の損害保険の損失額がどういう分布であるかを，できるだけ正確に見積もることにある．このためによく利用されるのが複合リスクモデルである．損害保険会社の保険契約ポートフォリオは火災，自動車，海上，賠償責任など多様かつ異質なリスクが含まれており，その保険金の支払額の分布を求めることは通常容易ではない．

しかしながら，保険契約ポートフォリオには2つのリスクの源泉があると考えると見通しがよくなる．

1つはポートフォリオの請求数の分布であり，頻度 (frequency) 分布と呼ばれる．事故の発生数の分布であるので正の整数値をとる値離散型確率変数であり，典型的にはポアソン分布，負の2項分布が利用される．

もう1つは，事故が発生したときの損害の規模 (severity) を表す分布であり，正値をとる，一般には右裾の長い歪んだ連続型確率変数である対数正規分布やガンマ分布，逆ガウス分布などが用いられる．場合によっては離散型の確率変数を利用することもある．

この両者が特定できると，畳み込み積を使って，これらの分布を「複合した」分布を得ることができ，これから保険種目全体，会社全体の総損害額の分布を得ることができる．

3.1.1 頻度分布 N

N を事故発生件数を表す確率変数とし，N は分布をもち，その分布が以下の確率で表されるものとする．

$$p(n) = P(N = n),\ n = 1, 2, \cdots \tag{3.1}$$

Panjer によれば，いわゆる (a, b) 型分布のクラスとは，

$$p(n) = \left(a + \frac{b}{n}\right) p(n-1) \tag{3.2}$$

を満たす分布を指す．このクラスにはよく使われる頻度分布が多く含まれる．例えば，ポアソン分布，2項分布，負の2項分布は (a, b) 型分布である．

- ポアソン分布は，1 パラメータ $\lambda > 0$（平均，分散を表す）で特徴づけられ

$$p(n) = e^{-\lambda} \frac{\lambda^n}{n!},\ n = 0, 1, 2, \cdots$$

これが，(a, b) 型であるのを見るためには，

$$p(n) = e^{-\lambda} \frac{\lambda^n}{n!} = \frac{\lambda}{n} e^{-\lambda} \frac{\lambda^{n-1}}{(n-1)!} = \frac{\lambda}{n} p(n-1)$$

よって，$a = 0,\ b = \lambda,\ \lambda > 0$．

- 2項分布は 2 パラメータ $0 < p < 1$ と $m = 0, 1, 2, \cdots$ で特徴づけられ，

$$p(n) = \binom{m}{n} p^n (1-p)^{m-n},\ n = 0, 1, 2, \cdots, m \tag{3.3}$$

これが，(a, b) 型であるのを見るためには，

$$\begin{aligned}
p(n) &= \binom{m}{n} p^n (1-p)^{m-n} \\
&= \frac{p(m-n+1)}{n(1-p)} \frac{m!}{(n-1)!(m-n+1)!} p^{n-1} (1-p)^{m-(n-1)} \\
&= -\frac{p}{1-p} + \frac{(m+1)p}{n(1-p)} p(n-1)
\end{aligned}$$

よって，$a = -\frac{p}{1-p},\ b = (m+1)\frac{p}{1-p} = -(m+1)a$．

● 負の2項分布は，2パラメータ $0 < q < 1$ と $\alpha > 0$ で特徴づけられ，

$$p(n) = \binom{\alpha + n - 1}{n} q^n (1-q)^\alpha, \quad n = 0, 1, 2, \cdots \quad (3.4)$$

これが，(a, b) 型であるのを見るためには，

$$\begin{aligned}
p(n) &= \binom{\alpha + n - 1}{n} q^n (1-q)^{m-n} \\
&= \frac{\Gamma(\alpha + n)}{n! \Gamma(\alpha)} q^n (1-q)^\alpha \\
&= \frac{q}{n} \frac{(\alpha + n - 1)\Gamma(\alpha + n - 1)}{(n-1)! \Gamma(\alpha)} q^{(n-1)} (1-q)^\alpha \\
&= \left(q + \frac{q(\alpha - 1)}{n} \right) \frac{\Gamma(\alpha + n - 1)}{(n-1)! \Gamma(\alpha)} q^{(n-1)} (1-q)^\alpha
\end{aligned}$$

よって，$a = q(0 < q < 1)$, $b = q(\alpha - 1) > -q = -a$.

実際のデータに当たると，$p(0)$ だけ (a, b) 型の分布との当てはまりが悪い場合がある．このように $p(0)$ だけ理論値と異なる値を入れた分布を $(a, b, 1)$ 型の分布といい，元の分布を区別するときは $(a, b, 0)$ 分布ということがある．

3.1.2 損害規模分布 S

リスクを表す指標として分散や標準偏差があるが，損害保険ではより歪度や尖度などの高次のモーメントが問題になることも多い．これは，分布の裾の減衰のスピードが問題になることが多いからである．損害保険では，すべてのモーメントが有限である裾が"軽い"分布だけでなく，低頻度でリスクが高い事象を表現するためにモーメントが有限でない分布もよく使われる．

裾の厚みを表現するのにテイル VaR，$TVaR_p(X) = E[X | X > x_p]$ または平均超過損失関数 $e(x_p) = E[X - x_p | X > x_p]$ がよく使われる．前者は，金融リスク管理などでは期待ショートフォール (expected shortfall)，条件付 VaR(conditional value-at-risk) とも呼ばれ，裾の厚さを評価する1つの指標となっている．後者は，生命保険では年齢 x の余命関数 $\mathring{e}_x$ と呼ばれている．また，$TVaR$ は，100p パーセンタイル点である $VaR_p(X)$ を超える X の条件付平均値となっており，以下に示すように平均超過損失関数との和になっている．

$$TVaR_p(X) = E[X|X > x_p] \qquad (3.5)$$
$$= x_p + \frac{\int_{x_p}^{\infty}(x - x_p)dF(x)}{1 - F(x_p)}$$
$$= VaR_p(X) + e(x_p)$$

裾の厚い分布は自動車，火災，自然災害などの保険で見られるが，その原因はそれぞれの種目により異なる．自動車では巨額の損害は賠償責任によるが，火災の場合は工場やオフィスの高額な製造機械などの焼失などから生ずる．裾の軽い分布は保険金の上限が決まっている個人向けの保険などで見られる．

- ガンマ分布 $\Gamma(\alpha, \theta)$ に従う確率変数 Y は，2 パラメータ $\alpha, \theta > 0$ で特徴づけられる．密度関数は，

$$f(y) = \frac{(\frac{y}{\theta})^\alpha e^{-\frac{y}{\theta}}}{y\Gamma(\alpha)}, \ y \geq 0 \qquad (3.6)$$

また，k 次モーメントは，

$$E[Y^k] = \int_0^\infty y^k \frac{y^{\alpha-1}e^{-\frac{y}{\theta}}}{\Gamma(\alpha)\theta^\alpha}dy$$
$$= \int_0^\infty (z\theta)^k \frac{(z\theta)^{\alpha-1}e^{-z}}{\Gamma(\alpha)\theta^\alpha}\theta dy, \ z = \frac{y}{\theta}$$
$$= \frac{\theta^k}{\Gamma(\alpha)}\Gamma(\alpha + k) < \infty, \ \forall k > 0$$

が成立するので，有限の値となり，ガンマ分布は裾の軽い分布である．

- パレート分布 $\text{Pareto}(\alpha, \theta)$ に従う確率変数 Y はパラメータ $\alpha > 0, \theta$ で特徴づけられる．分布関数 $F(y)$ と密度関数 $f(y)$ は，

$$F(y) = 1 - \left(\frac{\theta}{y + \theta}\right)^\alpha, \ y > 0$$
$$f(y) = \frac{\alpha\theta^\alpha}{(y + \theta)^{\alpha+1}}$$

また，

$$E[Y^k] = \int_\lambda^\infty y^k \frac{\alpha\theta^\alpha}{(y+\theta)^{\alpha+1}} dy$$
$$= \int_\lambda^\infty \frac{\alpha}{\lambda} \frac{\lambda^{\alpha+1}}{y^{\alpha-k+1}} dy$$
$$= \int_\lambda^\infty \frac{\alpha}{\alpha-k} \lambda^k \frac{\alpha-k}{\alpha} \frac{\lambda^{\alpha-k+1}}{y^{\alpha-k+1}} dy$$
$$= \frac{\alpha}{\alpha-k} \lambda^k \int_\lambda^\infty \frac{\alpha-k}{\lambda} \frac{\lambda^{\alpha-k+1}}{y^{\alpha-k+1}} dy$$
$$= \frac{\alpha}{\alpha-k} \lambda^k$$

モーメントの存在は α の値による．$\alpha = 1$ であれば平均すら存在しない．$\alpha > k$ ならば k 次モーメントまで存在する．パレート分布の著しい性質は，その平均超過損失関数もまたパレート分布になることである．

$$e(y) = \frac{\alpha y}{\alpha-1} - y = \frac{y}{\alpha-1},\ y > \lambda$$

したがって，裾は y について線形的に比例して大きくなるため裾の厚い分布である．

- 対数正規分布 $LN(\mu, \sigma^2)$ に従う確率変数 Y は 2 パラメータ (μ, σ) をもち，密度関数は，
$$f(y) = \frac{1}{\sqrt{2\pi}\sigma y} e^{-\frac{1}{2}(\frac{\log y - \mu}{\sigma})^2},\ y > 0$$

対数正規分布のモーメントは，$E[Y^k] = e^{\alpha k + \frac{\sigma^2}{2}k^2}$ なので，裾の厚い分布であるがパレート分布よりは厚くない．

なお，パレート分布は平均超過損失関数が y に線形に比例して無限に発散するが，対数正規分布は $\frac{y}{\log y}$ に比例して大きくなることが容易に確かめられる．

3.1.3 R における確率分布の関数

R にはいままで説明した離散型，連続型の確率分布がパッケージ base の中に標準装備されているが，保険や金融工学でよく使う関数も他のパッケージの中に用意されているので，使いこなせれば非常に強力な計算ツールである．一般に，

表 3.1 R でよく使われる確率分布関数

確率分布	関数	引数
ベータ分布	beta	shape1, shape2, ncp
2 項分布	binom	size, prob
コーシー分布	cauchy	location, scale
χ^2 分布	chisq	df, ncp
指数分布	exp	rate
F 分布	f	df1, df2, ncp
ガンマ分布	gamma	shape, scale
幾何分布	geom	prob
超幾何分布	hyper	n, m, k
対数正規分布	lnorm	meanlog, sdlog
ロジスティック分布	logis	location, scale
多項分布	multinom	n, size, prob
負の 2 項分布	nbinom	size, prob
正規分布	norm	mean, sd
ポアソン分布	pois	lambda
t 分布	t	df, ncp
一様分布	unif	min, max
ワイブル分布	weibull	shape, scale

関数名が d xxxx は密度関数，p xxxx は分布関数，q xxxx は分位点 (quantile) を表す関数となっている．表 3.1 に，主な標準装備されている R の関数群を示す．そのほかに，MASS パッケージには多変量正規乱数生成関数 mvrnorm が，mvtnorm パッケージには多変量正規乱数生成関数 rmvt が用意されている．また，mvtnorm パッケージにはほかにも多変量正規分布に関する関数 dmvnorm，pmvnorm, rmvnorm が用意されている．さらに，損害保険数理によく用いられる以下の広範な関数群は actuar の中にある．actuar では base にない表 3.2 の 18 の確率分布を使用することができる．

R による計算例 8（確率分布とグラフ）

例．離散型分布

R には多くの確率分布が stats というパッケージの中にある．3.1.1 項で (a, b) 型の離散分布の例として出てきた 2 項分布，ポアソン分布，負の 2 項分布の確率関数は dbinom, dpois, dnbinom という関数名である．分布関数が欲しいときには d の代わりに p を頭につければよい．さっそく使い方を見てみることにしよう．すべての分布で平均を 3 に合わせる．負の 2 項分布では

3.1 損害額分布・頻度分布の理論分布

表 3.2 パッケージ actuar で使用できる確率分布関数

変換ベータ (transformed beta)	trbeta
バー (burr)	burr
ロジスティック (logistic)	logistic
パラロジスティック (paralogistic)	paralogis
一般化パレート (generalized Pareto)	genpareto
パレート (Pareto)	pareto
逆バー (inverse Burr)	invburr
逆パレート (inverse Pareto)	invpareto
逆パラロジスティック (inverse paralogistic)	invparalogis
変換ガンマ (transformed gamma)	trgamma
逆変換ガンマ (inverse transformed gamma)	invtrgamma
逆ガンマ (inverse gamma)	invgamma
逆指数 (inverse exponential)	invexp
逆ワイブル (inverse Weibull)	invweibull
ログガンマ (loggamma)	loggamma
対数ロジスティック (loglogistic)	llogis
1 係数パレート (single parameter Pareto)	pareto1
一般化ベータ (generalized beta)	genbeta

dnbinom(x,scale,prob,) の prob には R の関数としては $\frac{1}{1+q}$ を入力することに注意（図 3.1）.

```
x<-0:15   #x=0,1,・・・15 まで出力
round(dbinom(x,100,prob=0.03),digits=4)    #4 桁未満を四捨五入
round(dpois(x,3),digits=4)
round(dnbinom(x,100,prob=1/1.03),digits=4)
plot(x,dbinom(x,100,prob=0.03),type="o",pch=16,col="black"
,xlim=c(0,15),ylim=c(0,0.3),ann=F,ylab="")
par(new=T)   #図の重ね合わせ
plot(x,dpois(x,3),type="l",lwd=3,col="green",xlim=c(0,15)
,ylim=c(0,0.3),ann=F,ylab="")
par(new=T)
plot(x,dnbinom(x,100,prob=1/1.03),type="b",pch=0,col="red"
,xlim=c(0,15),ylim=c(0,0.3))
round(dbinom(x,100,prob=0.03),digits=4)
 [1] 0.0476 0.1471 0.2252 0.2275 0.1706 0.1013 0.0496 0.0206
 0.0074 0.0023[11] 0.0007 0.0002 0.0000 0.0000 0.0000 0.0000
round(dpois(x,3),digits=4)
 [1] 0.0498 0.1494 0.2240 0.2240 0.1680 0.1008 0.0504 0.0216
 0.0081 0.0027[11] 0.0008 0.0002 0.0001 0.0000 0.0000 0.0000
round(dnbinom(x,100,prob=1/1.03),digits=4)
```

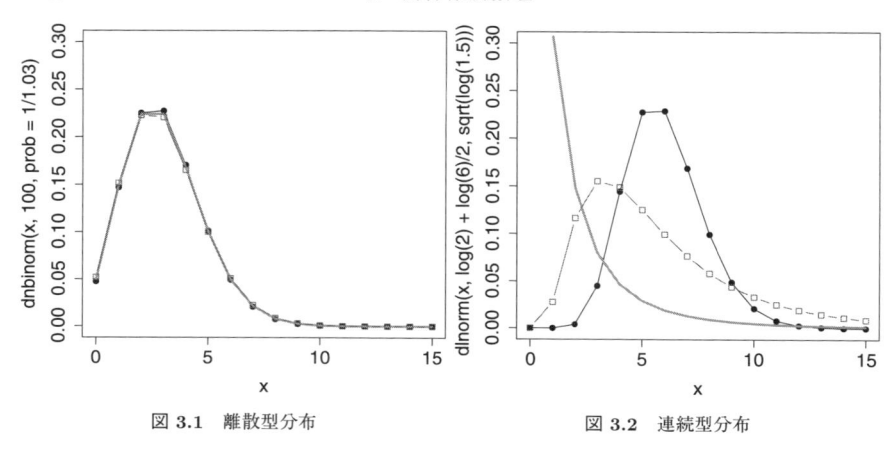

図 3.1　離散型分布　　図 3.2　連続型分布

```
 [1] 0.0520 0.1516 0.2229 0.2207 0.1656 0.1003 0.0511 0.0225
 0.0088 0.0031[11] 0.0010 0.0003 0.0001 0.0000 0.0000 0.0000
```

例．連続型分布

離散型分布と同じく，3.1.2 項に出てくる連続型分布のガンマ分布，パレート分布[*1]，対数正規分布について平均と分散が一致する 3 つの分布を計算してみる．平均 $= 6$，分散 $= 3$ の場合を考える．

ガンマ分布の平均は $\frac{\gamma}{\delta}$，分散は $\frac{\gamma}{\delta^2}$ なので $\delta = 2$, $\gamma = 12$.

パレート分布の平均は $\frac{\alpha}{\alpha-1}\lambda$，分散は $\frac{\alpha\lambda}{(\alpha-1)^2(\alpha-2)}$ なので $\alpha = 3$, $\lambda = 4$.

対数正規分布の平均は $\exp(\mu + \frac{1}{2\sigma^2})$，分散は $\exp(2\mu + \sigma^2)(\exp(\sigma^2) - 1)$ なので $\mu = \ln 2 + \frac{1}{2}\ln 6$, $\sigma = \sqrt{\ln(\frac{3}{2})}$ （図 3.2）．

```
library(actuar)
x<-0:15    #x=0,1,・・・15 まで出力
round(dgamma(x,12,2),digits=4)#4 桁未満を四捨五入
 [1] 0.0000 0.0000 0.0038 0.0451 0.1444 0.2275 0.2287 0.1687 0.0992 0.0490
[11] 0.0212 0.0082 0.0029 0.0009 0.0003 0.0001
round(dpareto(x,3,4),digits=4)
 [1]    NaN 0.3072 0.1481 0.0800 0.0469 0.0293 0.0192 0.0131 0.0093 0.0067
[11] 0.0050 0.0038 0.0029 0.0023 0.0018 0.0015
```

[*1] パレート分布は stats の中には入っていない．actuar というパッケージが必要であるが，これについては付録を参照のこと．

```
Warning message:
In dpareto(x, 3, 4) : NaNs produced
round(dlnorm(x,log(2)+log(6)/2,sqrt(log(1.5))),digits=4)
 [1] 0.0000 0.0278 0.1164 0.1552 0.1489 0.1252 0.0993 0.0765 0.0582 0.0441
[11] 0.0334 0.0254 0.0194 0.0149 0.0115 0.0089
plot(x,dgamma(x,12,2),type="o",pch=16,col="black"
,xlim=c(0,15),ylim=c(0,0.3),ann=F,ylab="")
par(new=T)    #図の重ね合わせ
plot(x,dpareto(x,3,4),type="l",lwd=3,col="green",xlim=c(0,15)
,ylim=c(0,0.3),ann=F,ylab="")
par(new=T)
plot(x,dlnorm(x,log(2)+log(6)/2,sqrt(log(1.5))),type="b",pch=0,col="red"
,xlim=c(0,15),ylim=c(0,0.3))
```

この例では，平均と分散を一致させると離散型分布はほぼ同じ形状となるが，連続型分布は大きく異なっていることが確認される．

3.2 　経験分布の理論分布への当てはめとモデル選択

経験分布を理論分布へ当てはめるには，理論分布に「最も近い」のパラメータを推定してやればよい．特に，分布関数 $F(y)$ が p 次元のパラメータ θ で特徴づけられている場合を考える．

$$F(y) = F(y|\theta), \quad \theta^T = (\theta_1, \theta_2, \cdots, \theta_p) \tag{3.7}$$

この近さの基準のとり方としていくつかの方法が提案されている．

- モーメントマッチング法，パーセンタイル値マッチング法
- 最尤推定法
- 最小距離推定法
- ベイジアン推定法

経験分布には，個別データとグループデータがある．

例えば，個別データとは以下のような 10 件の歯科治療費のデータ（単位はドル）である．

$$141 \ 16 \ 46 \ 40 \ 351 \ 259 \ 317 \ 1511 \ 107 \ 567$$

表 3.3 歯科保険のグループデータ

ランク	上下限	1	2	3	4	5	6	7	8	9	10
c_j	l	0	25	50	100	150	250	500	1000	1500	2500
	u	25	50	100	150	250	500	1000	1500	2500	4000
n_j		30	31	57	42	65	84	45	10	11	3

グループ化したデータとは，表 3.3 のように規模によって分類した件数の分布で与えられるものである（同じく歯科データだがデータ数は 378 件）．グループデータの k 次標本モーメントは $\frac{1}{n}\sum_{j=1}^{r}\frac{c_j+c_{j+1}}{2}n_j^k$ で与えられる．

ここでは，モーメントマッチング法と最尤推定法について述べる．

3.2.1 モーメントマッチング

θ のモーメントマッチング推定法とは，p 元連立方程式

$$\mu_k'(\theta) = \hat{\mu}_k' = \frac{1}{n}\sum_{j=1}^{n} y_j^k \ (k\text{次標本モーメント}),\ k=1,2,\cdots,p \quad (3.8)$$

の根 θ^* をいう．経験分布のモーメントに理論分布のモーメントを一致させようという発想である．ちなみにパーセンタイル値マッチング法は経験パーセンタイル値を理論分布のパーセンタイル値に一致させる方法である．

R による計算例 9（分布の当てはめ）

1. モーメントマッチング法（個別データ）

この節のはじめに出てきた歯科治療費のデータにもとづき，モーメントマッチング法によりガンマ分布とパレート分布のパラメータを決定する．パッケージ actuar の経験モーメント関数 emm を使う．

```
library(actuar)
data(dental)
emm(dental,order=1:2)
> emm(dental,order=1:2)
[1]      335.5 293068.3
```

ガンマ分布の 1, 2 次モーメントは，

$$E[Y] = \alpha\theta = 335.5$$
$$E[Y^2] = \alpha(\alpha+1)\theta^2 = 293068.3$$

これを解くと $\hat{\alpha} = 0.6236$, $\hat{\theta} = 209.2093$ である．パレート分布の 1，2 次モーメントは，

$$E[Y] = \frac{\theta}{\alpha - 1} = 335.5$$

$$E[Y^2] = \frac{2\theta^2}{(\alpha - 1)(\alpha - 2)} = 293068.3$$

これを解くと $\hat{\alpha} = 5.3131$, $\hat{\theta} = 1447.058$ である．

2. モーメントマッチング法（グループ化データ）

グループ化データでも同じことをやってみる．

まずグループ化データについての経験分布関数を作る．ヒストグラムを描き，それを折れ線で線形補間した分布 ogive（actuar の関数）を作ってみよう（図 3.3）．

$$\hat{F}_n = \begin{cases} 0, & y \leq c_0 \\ \dfrac{(c_j - y)F_n(c_{j-1}) + (y - c_{j-1})F_n(c_j)}{c_j - c_{j-1}}, & c_{j-1} < y, \leq c_j \\ 1, & y > c_r \end{cases}$$

```
data(gdental)
x<-gdental
```

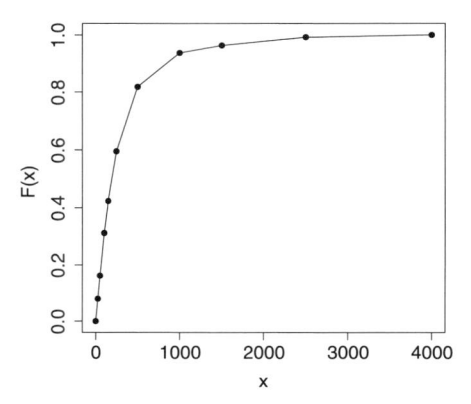

図 **3.3** 折れ線密度関数 (ogive)

```
hist(x)
Fnt<-ogive(x)
knots(Fnt)
 [1]    0   25   50  100  150  250  500 1000 1500 2500 4000
Fnt(knots(Fnt))
 [1] 0.00000 0.07936 0.16137 0.31216 0.42328 0.59523
 [7] 0.81746 0.93650 0.96296 0.99206 1.00000
plot(Fnt)
```

次に，経験モーメントを算出する．

```
emm(gdental,order=1:2)
 [1]    353.3399 357680.2249
```

答えは，ガンマ分布のパラメータは，$\hat{\alpha} = 0.5362$, $\hat{\theta} = 189.4685$ である．パレート分布のパラメータは，

$$E[Y] = \frac{\theta}{\alpha - 1} = 335.5$$

$$E[Y^2] = \frac{2\theta^2}{(\alpha - 1)(\alpha - 2)} = 293068.3$$

これを解くと $\hat{\alpha} = 4.3124$, $\hat{\theta} = 1170.405$ である．

3.2.2 最尤推定法

モーメントマッチング法は簡単であるが，場合によっては推定値が適切でないことがある．この原因は，主にデータの一部の特徴のみを捉え，データ全体の情報を捉えていないからである．最尤推定法はすべてのデータの情報を用いるため，それらの欠点は少なくなると考えられている．

定義 3.1 同じパラメータベクトル θ に依存する確率変数 X_j, $j = 1, 2, \cdots, n$ とその実現値 A_j が与えられたとき，尤度関数 $L(\theta)$ とは，以下の関数で定義される．

$$L(\theta) = \prod_{j=1}^{n} \Pr(X_j \in A_j | \theta) \tag{3.9}$$

尤度関数を最大にする θ を最尤推定値と呼ぶ．

3.2 経験分布の理論分布への当てはめとモデル選択

留意すべきは，尤度関数には必ずしも適切な θ の範囲内に最大値があるとは限らず，また複数の極大値をもつ場合があることである．この場合，最適化計算が簡単であるとは限らない．最後に，尤度関数の最大化は解析的には解けず，一般には数値解法を使わなければならない．それでは，Rによる最尤法のパラメータ推定の方法を見てゆこう．

Rによる計算例10 (パラメータ推計)

RのパッケージMASSには，fitdistrというよく使われる一変数分布に関する最尤法のパラメータ推定の関数がある．また，パッケージstats4にはmleという最尤法の関数がある．これらをまず見てゆこう．ここでは，尺度パラメータ $\lambda = 0.5$，形状パラメータ $\alpha = 3.5$ のガンマ分布の乱数を200個発生し，逆に元のパラメータが正しく推定できるかを確かめる．

■モーメント法による推定

```
x.gam<-rgamma(200,rate=0.5,shape=3.5)
mean.gam<-mean(x.gam)
var.gam<-var(x.gam)
l.est<-mean.gam/var.gam
 [1] 0.4643109
a.est<-((mean.gam)^2)/var.gam
 [1] 3.231719
```

結果は，尺度パラメータ $\lambda = 0.4643$，形状パラメータ $\alpha = 3.2317$ と推定された．誤差は少しある．

■mleによる推定

次に最尤法によって推定する．ガンマ関数の対数尤度は以下の式で与えられる．

$$\log(L) = n * \alpha * \log(\lambda) - n * \log(\Gamma(\alpha)) + (\alpha - 1) * \sum_{i=1}^{n}(\log(x)) + \lambda \sum_{i=1}^{n}(x_i) \tag{3.10}$$

これを最大化するが，mleは負の対数尤度を代入するようになっているので符号を変えている．

```
library(stats4)   ## loading package stats4
ll<-function(lambda,alfa) {n<-200
```

```
x<-x.gam-n*alfa*log(lambda)+n*log(gamma(alfa))-(alfa-1)*sum(log(x))
+lambda*sum(x)} ## -log-likelihood function
est<-mle(minuslog=ll, start=list(lambda=2,alfa=1))
summary(est)
Maximum likelihood estimation
Call:
mle(minuslogl = ll, start = list(lambda = 2, alfa = 1))
Coefficients:
        Estimate  Std. Error
lambda  0.4715871 0.04858846
alfa    3.2823638 0.31298685
-2logL:1062.141
```

結果は，尺度パラメータ $\lambda = 0.4859$, 形状パラメータ $\alpha = 3.2824$ と推定された．fitdistr の場合は，分布を指定するだけですむ．同じ最尤法なので結果も mle と同じである．

■ fitdistr による推定

```
library(MASS) ## loading package MASS
fitdistr(x.gam,"gamma") ## fitting gamma pdf parameters
  shape       rate
  3.2823654   0.4715875
 (0.3129870) (0.0485885)
```

■信頼区間

信頼区間は，パラメータの標準誤差が出ているので簡単に求められる．標準誤差は，フィッシャーのスコアリング法によって求められるが，その内容については付録で説明する．残差が正規分布ならば，95 パーセンタイル値は 1.645 なので，λ の 95 パーセンタイル信頼区間は $[0.3917, 0.5515]$, α の 95 パーセンタイル信頼区間は $[2.7676, 3.7972]$ となる．

■適合度の検定

次に，χ^2 検定により当てはまりのよさを検定する．連続分布なので離散化して検定できるように加工する．x.gam のデータを 3 の倍数の区間に分けて，その区間内のデータ数を求める．その区間内の理論値と x.gam のデータの比較により，χ^2 検定ができる．結果は，p 値が 0.4946 と大きいので通常の信頼水準で

ある 5% では棄却されない．ガンマ分布でないとはいえない．

```
x.gam.cut<-cut(x.gam,breaks=c(0,3,6,9,12,18)) ##binning data
table(x.gam.cut) ## binned data table
x.gam.cut
  (0,3]   (3,6]   (6,9]  (9,12] (12,18]
     26      73      48      31      19
(pgamma(3,shape=a.est,rate=l.est)-pgamma(0,shape=a.est,rate=l.est))*200
[1] 25.82668
(以下，(3,6],(6,9],(9,12] について繰り返す)
(pgamma(18,shape=a.est,rate=l.est)-pgamma(12,shape=a.est,rate=l.est))*200
[1] 18.17009
f.ex<-c(26,69,56,30,19)
f.os<-vector()
for(i in 1:5) f.os[i]<- table(x.gam.cut)[[i]] ## empirical frequencies
X2<-sum(((f.os-f.ex)^2)/f.ex) ## chi-square statistic
gdl<-5-2-1 ## degrees of freedom
1-pchisq(X2,gdl) ## p-value
[1] 0.4945845
```

3.2.3 モデル選択

次に，モデル選択について説明する．複数の統計モデルの候補があったとき，どのモデルがよいのかを判定する基準がある．統計モデルは，パラメータの数を増やせば当てはまりがよくなるが[*2]，モデルの説明力は減少するので両者はトレードオフの関係にある．いわゆるオッカムの剃刀[*3]といわれるように，できるだけ少数の要因で説明できるモデルがよいとされる．

よく使われるものとしては，赤池情報量規準 (AIC：Akaike's information criteria) やシュワルツ–ベイズ規準 (SBI) などがあり，いずれも最尤法と関係が深い．定義式は以下のとおりである．モデルのパラメータ数を k，対数尤度を l，標本数を n とすると

$$AIC = l - k \qquad (3.11)$$
$$SBI = l - \frac{1}{2}k\log(n)$$

[*2] 極端にいえば，データの数だけパラメータを使えば完全に当てはめることができる．
[*3] 日本では「ケチの原理」という．

また，尤度比検定 (likelihood ratio test) という方法があり，これはパラメータの少ないモデル 1 とより多い複雑なモデル 2 のどちらがよいモデルかを比較する．両者の対数尤度の差の 2 倍，すなわち $2(l_1 - l_2)$ を検定量として，帰無仮説「H_0：モデル 2 の説明力が顕著に高い」を検定する．検定量は，自由度がパラメータ数の差に等しい χ^2 分布に従うことが知られているので，それを使って検定を行う．

R による計算例 11（モデル選択）━━━━━━━━━━━━━━━━━━

fitdistr は，出力の loglik に対数尤度の値を返す．モデル 1 をガンマ分布，モデル 2 を正規分布，モデル 3 を対数正規分布として当てはめを行う．AIC は（対数尤度 -2），SBI は（対数尤度 $-\frac{1}{2} 2\log(200)$）なので計算すると，$AIC(-533.0707)$ でも $SBI(-536.369)$ でもガンマ分布が最も大きくなった．

```
model1<-fitdistr(x.gam,"gamma");model2<-fitdistr(x.gam,"normal")
model3<-fitdistr(x.gam,"lognormal")
aic1<-model1$loglik-2;aic2<-model2$loglik-2
aic3<-model3$loglik-2
sbi1<-model1$loglik-log(200);sbi2<-model2$loglik-log(200)
sbi3<-model3$loglik-log(200)
c(aic1,aic2,aic3,sbi1,sbi2,sbi3)
[1] -533.0707 -556.0280 -535.7004 -536.3690 -559.3264 -538.9988
```

3.3　累積損害額分布の導出

3.3.1　複合リスクモデル

頻度分布 N と損害額分布が特定化されると次は累積損害額 S の分布を求めることになる．まず S_i により第 i 番目の請求額を表すものとする．このとき，$S_1, S_2, \cdots$ は，正値で互いに独立同分布 F をもち，N とも独立な確率変数であると仮定する．すなわち，火災の損害は同じ分布に従っていると考えられるが，前回の損害規模と今回の損害規模に関係がないことを仮定する．また火災件数が多い年も少ない年もあるが，それと損害規模も無関係と考える．すると，$S = S_1 + S_2 + \cdots + S_N = \sum_{i=1}^{N} S_i$ が成立している．

一般に適当な関数 f に関し，$E[f(X)]$ の形がどうなるか見ておくことにしよ

う. $f(x) = x^n$, $n = 1, 2, \cdots$ とおけばモーメントが得られ,特に $n = 1$ のときは平均(期待値)になる. 指標関数 $1_{x \leq u}$ をとると分布関数となる. 各 S_i が離散確率変数であると仮定し,累積損害額分布 S に条件付期待値,条件付分布の理論を適用すると,

$$\begin{aligned}
E[f(S)] &= \sum_{s=0}^{\infty} f(s) P(f(S) = f(s)) \\
&= \sum_{n=0}^{\infty} f(s) \sum_{n}^{\infty} P(f(S) = f(s) \cap N = n) \\
&= \sum_{n=0}^{\infty} f(s) \sum_{n}^{\infty} P(f(S) = f(s) | N = n) P(N = n) \\
&= \sum_{n=0}^{\infty} \sum_{n}^{\infty} f(s) P(f(S) = f(s) | N = n) P(N = n) \\
&= \sum_{n=0}^{\infty} E[f(S) | N = n] P(N = n)
\end{aligned}$$

これは S_i が連続型確率変数の場合にも成立する. ここで,$f(x) = x$ とすると S の期待値が得られて,

$$\begin{aligned}
E[S] &= \sum_{n=0}^{\infty} E[(S) | N = n] P(n) \\
&= \sum_{n=0}^{\infty} E[S_1 + S_2 + \cdots + S_n] P(n) \\
&= \sum_{n=0}^{\infty} \sum_{i=1}^{n} E[S_i] P(n) \\
&= \sum_{n=0}^{\infty} n E[S_1] P(n) \\
&= E[S_1] \sum_{n=0}^{\infty} n P(n) \\
&= E[S_1] E[N]
\end{aligned}$$

これが累積損害額の期待値の基本となる公式である. 次に $f(x) = x^2$ とおいて 2 次モーメントを求めよう.

$$E[S^2] = \sum_{n=0}^{\infty} E[S^2|N=n]p(n)$$

$$= \sum_{n=0}^{\infty} E\left[\sum_{i,j} S_i S_j\right] p(n)$$

$$= \sum_{n=0}^{\infty} \sum_{i \neq j} E[S_i]E[S_j]p(n) + \sum_{n=0}^{\infty} \sum_{i} \sum_{j=i} E[S_i S_j]p(n)$$

$$= \sum_{n=0}^{\infty} \sum_{i \neq j} E[S_i]E[S_j]p(n) + \sum_{n=0}^{\infty} \sum_{i} E[S_i^2]p(n)$$

$$= \sum_{n=0}^{\infty} n(n-1)E^2[S_1]p(n) + \sum_{n=0}^{\infty} \sum_{i} nE[S_1^2]p(n)$$

$$= E^2[S_1]E[N^2] + E[N]V[S_1]$$

これから，分散は $V[S] = E[S^2] - E^2[S]$ を使って，$V[S] = E[N]V[S_1] + E^2[S_1]V[N]$ となる．さらに確率母関数，モーメント母関数，特性関数，ラプラス変換を使うと高次のモーメントや分布関数そのものを計算することができる．

- 確率母関数　　　：$P_S(t) = E[t^S]$
- モーメント母関数：$M_S(t) = E[e^{tS}]$
- 特性関数　　　　：$\Phi_S(t) = E[e^{itS}]$
- ラプラス変換　　：$L_S(t) = E[e^{-tS}]$

ここでは簡単のため離散型の確率変数を考え，確率関数 $P_S(t)$ を使って議論を進める．

まず，$P_N(t) = E[t^N] = \sum_{n=0}^{\infty} p(n)t^n$, $P_{S_1}(t) = E[t^{S_1}]$ であることを使って，$P_S(t)$ を計算すると，

$$P_S(t) = E[t^S] \left(= \sum_{n=0}^{\infty} E[t^S|N-n]p(n)] \right)$$

$$= E[t^{\sum_{n=0}^{\infty} S_i}]p(n)$$

$$= \sum_{n=0}^{\infty} E[t^{S_1} t^{S_2} \cdots t^{S_n}]p(n)$$

$$= \sum_{n=0}^{\infty} E[t^{S_1}]E[t^{S_2}] \cdots E[t^{S_n}]p(n)$$

$$= \sum_{n=0}^{\infty} E[t^{S_1}]^n p(n)$$

3.3 累積損害額分布の導出

$$= P_N(P_{S_1}) \tag{3.12}$$

ここでさらに,損害額分布が正の整数値をとる確率変数 $f(y) = P(S_1 = y)$, $y = 1, 2, \cdots$ であると仮定すると,S の確率分布は,

$$\begin{aligned} g(s) &= P(S = s) \\ &= \sum_{n=0}^{\infty} P(S = s, N = n) \\ &= \sum_{n=0}^{\infty} p(n) P(S = s | N = n) \\ &= \sum_{n=0}^{\infty} p(n) P(S_1 + S_2 + \cdots + S_n = s) \\ &= \sum_{n=0}^{\infty} p(n) f^{*n}(s) \end{aligned} \tag{3.13}$$

ここに $f^{*n} = \overbrace{f * f * \cdots * f}^{n\,個}$ は,n 回畳み込み積であるが,この計算は以下のように帰納的に定義される.

$$\begin{aligned} f^{*n}(s) &= P(S_1 + S_2 + \cdots + S_n = s) \\ &= \sum_{t=1}^{s} P(S_1 + S_2 + \cdots + S_n = s, S_n = t) \\ &= \sum_{t=1}^{s} f(t) P(S_1 + S_2 + \cdots + S_n = s | S_n = t) \\ &= \sum_{t=1}^{s} f(t) P(S_1 + S_2 + \cdots + S_{n-1} = s - t) \\ &= \sum_{t=1}^{s} f(t) f^{*(n-1)}(s - t) \end{aligned}$$

残念ながら,連続関数の畳み込み積の計算は一般には遅く時間がかかるため,離散化した上でいろいろな工夫をすることにより高速化する必要がある.

例. N が $\lambda = 1$ のポアソン分布に従い,Y の密度関数が $f(1) = \frac{1}{4}$, $f(2) = \frac{1}{2}$, $f(3) = \frac{1}{4}$ に従うとき,$n = 1, 2, 3$ のときの畳み込みおよび $g(n)$ を計算する.

$$f^{*1}(x) = f(x)$$
$$f^{*2}(2) = f(1) f^{*1}(1) = \frac{1}{4} \frac{1}{4} = \frac{1}{16}$$

$$f^{*2}(3) = f(1)f^{*1}(1) + f(2)f^{*1}(1) = \frac{1}{4}\frac{1}{2} + \frac{1}{2}\frac{1}{4} = \frac{1}{4}$$

$$f^{*2}(4) = f(1)f^{*1}(3) + f(2)f^{*1}(2) + f(3)f^{*1}(1) = \frac{1}{4}\frac{1}{4} + \frac{1}{2}\frac{1}{2} + \frac{1}{4}\frac{1}{4} = \frac{3}{8}$$

$$f^{*3}(3) = f(1)f^{*2}(2) = f(1)f^{*2}(1) = \frac{1}{4}\frac{1}{16} = \frac{1}{64}$$

同様に $g(n)$ は,

$$g(0) = p(0) = e^{-1}$$

$$g(1) = p(1)f^{*1}(1) = \frac{1}{4}e^{-1}$$

$$g(2) = p(1)f^{*1}(2) + p(2)f^{*2}(2) = \frac{1}{2}e^{-1} + \frac{1}{16}\frac{1}{2}e^{-1} = \left(\frac{1}{2} + \frac{1}{32}\right)e^{-1}$$

$$g(3) = p(1)f^{*1}(3) + p(2)f^{*2}(3) + p(3)f^{*3}(3)$$
$$= \frac{1}{4}e^{-1} + \frac{1}{4}\frac{1}{2}e^{-1} + \frac{1}{64}\frac{1}{6}e^{-1} = \left(\frac{1}{4} + \frac{1}{8} + \frac{1}{384}\right)e^{-1}$$

3.3.2 連続型分布の離散化

累積損害額分布を計算するには畳み込み計算が必要であるが,連続分布と離散分布を混在した畳み込みは一般には困難であるため,連続分布の離散化が行われることがある.大きく分けると丸め込み法と平均保存法の2つの方法がある.

丸め込み法は,定義域を区間に分割して,その区間の連続分布の確率と離散分布の確率を合わせる方法である.

他方,平均保存法では元の分布の各区間の平均を保存する.いずれの方法も関数 discretize を使うと簡単に離散化ができる.

R による計算例 12（連続分布の離散化）

パッケージ actuar の中には連続分布を離散化するプログラム discretize が入っている. discretize(function,method=,from=d,to=u,step=h) により離散化したい関数 function と,最小 d,最大 u,幅 (span)h を指定できる. method としては,丸め込み法 (rounding) と平均保存法 (unbiased) のほか,切り上げ (upper),切り捨て (lower) も用意されている.この例では, $\alpha = 2$, $\theta = 1$ のガンマ関数を離散化している（図 3.4）.

3.3 累積損害額分布の導出

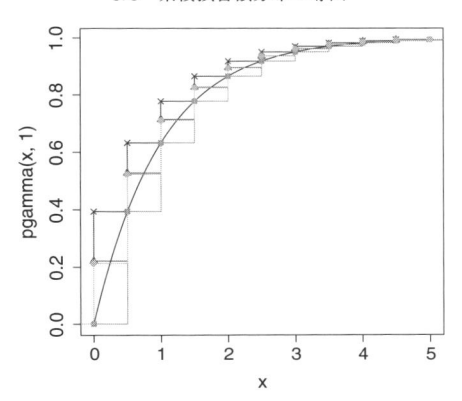

図 3.4 ガンマ分布の離散化

```
library(actuar)
x <- seq(0, 5, 0.5)
op <- par(mfrow = c(1, 1), col = "black")
## Upper,lower,rounding,m.m discretization
fu <- discretize(pgamma(x, 1), method = "upper",
                 from = 0, to = 5, step = 0.5)
fl <- discretize(pgamma(x, 1), method = "lower",
                 from = 0, to = 5, step = 0.5)
fr <- discretize(pgamma(x, 1), method = "rounding",
                 from = 0, to = 5, step = 0.5)
fb <- discretize(pgamma(x, 1), method = "unbiased",
lev = levgamma(x, 1), from = 0, to = 5, step = 0.5)
##plot##
curve(pgamma(x, 1), xlim = c(0, 5))
par(col = "blue")
plot(stepfun(head(x, -1),diffinv(fu)),pch =4,add=TRUE)
par(col = "green")
plot(stepfun(x,diffinv(fl)), pch=15, add = TRUE)
par(col = "red")
plot(stepfun(head(x, -1),diffinv(fr)),pch=2,add=TRUE)
par(col = "grey")
plot(stepfun(x, diffinv(fb)), pch = 19, add = TRUE)
par(col = "black")
par(op)
```

損害額分布が連続分布で近似される場合でも，累積損害額を求めるために畳

み込み計算を実行するには離散化しておく必要がある．

3.3.3　Panjer の再帰法

畳み込み積を効率に実行する方法として Panjer の再帰法が有名である．簡単のため N を $(a,b,0)$ 型の頻度分布をもつと仮定する．$(a,b,1)$ 型でも同様の議論で計算が可能である．まず，確率母関数 $P_N(s)$ を s で微分すると，

$$\begin{aligned}
P'_N(s) &= \sum_{n=0}^{\infty} np(n)s^{n-1} \\
&= \sum_{n=1}^{\infty} n\left(a+\frac{b}{n}\right)p(n-1)s^{n-1} \\
&= \sum_{n=1}^{\infty} (na+b)p(n-1)s^{n-1} \\
&= \sum_{n=0}^{\infty} ((n+1)a+b)p(n)s^n \\
&= \sum_{n=0}^{\infty} (a+b)p(n)s^n + as\sum_{n=0}^{\infty} np(n)s^{n-1} \\
&= (a+b)P_N(s) + asP'_N(s)
\end{aligned}$$

これから以下の微分方程式が導かれる．

$$P'_N(s) = \frac{a+b}{1-as}P_N(s) \tag{3.14}$$

ただし，条件 $P_N(1) = \sum_{n=0}^{\infty} p(n) = 1$ がつく．ポアソン分布の場合には，$a=0$ なので解は，$P_N(s) = e^{b(s-1)}$．$a \neq 0$ の場合には，$P_N(s) = \left(\frac{1-a}{1-as}\right)^{\frac{a+b}{a}}$ となる．

複合分布の場合には，$P_S(s) = P_N(P_{S_1}(s))$ を s で微分して，

$$\begin{aligned}
P'_S(s) &= P'_N(P_{S_1}(s))P'_{S_1}(s) \\
&= \frac{a+b}{1-aP_{S_1}(s)} P_N(P_{S_1}(s)) P'_{S_1}(s) \\
&= \frac{a+b}{1-aP_{S_1}(s)} P_S(s) P'_{S_1}(s)
\end{aligned}$$

すなわち，

$$P'_S(s) - aP'_S(s)P_{S_1}(s) = (a+b)P_S(s)P'_{S_1}(s)$$

これに，

$$P_S(s) = \sum_{j=0}^{\infty} g(j)s^j, \ P'_S(s) = \sum_{j=1}^{\infty} jg(j)s^{j-1},$$

$$P_{S_1} = \sum_{k=0}^{\infty} f(k)s^k, \ P'_{S_1} = \sum_{k=1}^{\infty} kf(k)s^{k-1}$$

を代入すると，

$$\sum_{j=1}^{\infty} jg(j)s^{j-1} - a\sum_{k=0}^{\infty} f(k)s^k \sum_{j=1}^{\infty} jg(j)s^{j-1} = (a+b)\sum_{k=0}^{\infty} f(k)s^k \sum_{j=1}^{\infty} jg(j)s^{j-1}$$

$$\sum_{j=1}^{\infty} jg(j)s^{j-1} - a\sum_{j=1}^{\infty}\sum_{k=0}^{\infty} jf(k)g(j)s^{j+k-1} = (a+b)\sum_{j=1}^{\infty}\sum_{k=0}^{\infty} kf(k)g(j)s^{j+k-1}$$

$$\sum_{j=1}^{\infty} jg(j)s^{j-1} - a\sum_{k=1}^{\infty}\sum_{u=k}^{\infty}(u-k)f(k)g(u-k)s^{u-1} = (a+b)\sum_{k=1}^{\infty}\sum_{u=k}^{\infty} kf(k)g(u-k)s^{u-1}$$

$$\sum_{j=1}^{\infty} jg(j)s^{j-1} - a\sum_{u=1}^{\infty}\sum_{k=1}^{u}(u-k)f(k)g(u-k)s^{u-1} = (a+b)\sum_{u=1}^{\infty}\sum_{k=1}^{u} kf(k)g(u-k)s^{u-1}$$

$$\sum_{j=1}^{\infty} jg(j)s^{j-1} - a\sum_{j=1}^{\infty}\sum_{k=1}^{j}(j-k)f(k)g(u-k)s^{j-1} = (a+b)\sum_{j=1}^{\infty}\sum_{k=1}^{j} kf(k)g(j-k)s^{j-1}$$

ここで，1行目から2行目は和の記号の整理，2行目から3行目は $u = i+j$ の添え字の変換，3行目から4行目は2重和の交換，4行目から5行目は u から j への記号の交換である．

最後の式から，

$$\sum_{j=1}^{\infty}\left(jg(j) - \sum_{k=1}^{j}(aj+bk)g(j-k)f(k)\right)s^{j-1} = 0 \quad (3.15)$$

がすべての s について成立するので，$g(j) = \sum_{k=1}^{j}(a+b\frac{k}{j})g(j-k)f(k)$ となる．この計算方法は通常の畳み込みの計算に比べ，非常に効率的であることが知られている．前の例と同じ例で比較してみると，

例．N が $\lambda = 1$ のポアソン分布に従い，Y の密度関数が $f(1) = \frac{1}{4}$, $f(2) = \frac{1}{2}$, $f(3) = \frac{1}{4}$ に従うとき，$n = 1, 2, 3$ のときの畳み込みおよび $g(n)$ を計算する．$g(n), n = 1, 2, \cdots$ は，

$$g(0) = p(0) = e^{-1}$$

$$g(1) = p(1)f(1) = \frac{1}{4}e^{-1}$$

$$g(2) = p(1)f(1) + g(0)f(2) = \frac{1}{2}\frac{1}{4}e^{-1}\frac{1}{4} + e^{-1}\frac{1}{2} = \left(\frac{1}{32} + \frac{1}{2}\right)e^{-1}$$

$$g(3) = \frac{1}{3}g(2)f(1) + \frac{2}{3}g(1)f(2) + g(0)f(3)$$

$$= \frac{1}{3}\left(\frac{1}{32} + \frac{1}{2}\right)e^{-1}\frac{1}{4} + \frac{2}{3}\frac{1}{4}e^{-1}\frac{1}{2} = \left(\frac{1}{4} + \frac{1}{8} + \frac{1}{384}\right)e^{-1}$$

R による計算例 13（Panjer の方法）━━━━━

ここでは 3.3.1 項の計算例で $\alpha = 2$, $\theta = 1$ のガンマ分布を離散化した (fx.b) を使って，Panjer の方法で累積損害額分布を計算することにした．pn とあるのが頻度分布でポアソン分布を指定している．累積損害額分布を計算する関数は aggregateDist(method,model.freq,model.sev,x.scale) で，方法 (method)，頻度分布 (model.freq)，損害額分布 (model.sev)，x 軸の分割単位 (x.scale) を指定している．method には convolution（畳み込み積）のほかにシミュレーションによる方法も可能である．

```
fx.b <- discretize(pgamma(x, 2, 1), from = 0, to = 22, step = 0.5,
method ="unbiased", lev = levgamma(x, 2, 1))
pn <- dpois(0:qpois(1-1E-6, 10), 10)    #
Fs <- aggregateDist("convolution", model.freq = pn,
model.sev = fx.b,x.scale = 0.5)
summary(Fs)                        \# summary method
knots(Fs)                          \# support of Fs (knots)
Fs(knots(Fs))                      \# evaluation at knots
plot(Fs,do.points=FALSE,verticals=TRUE,xlim=c(0,60))\# graphic
mean(Fs)                           \# empirical mean
quantile(Fs)                       \# quantiles

> summary(Fs)                       # summary method
Aggregate Claim Amount Empirical CDF:
     Min.    1st Qu.    Median       Mean
  0.00000   14.00000  19.00000   19.99995
  3rd Qu.       Max.
 24.50000  616.00000
> knots(Fs)                   # support of Fs (knots)
    [1]   0.0   0.5   1.0   1.5   2.0   2.5   3.0
    [8]   3.5   4.0   4.5   5.0   5.5   6.0   6.5
```

3.3 累積損害額分布の導出　　　　　　　55

```
   [15]    7.0    7.5    8.0    8.5    9.0    9.5   10.0
 . . . . . . . .
 [1219]  609.0  609.5  610.0  610.5  611.0  611.5  612.0
 [1226]  612.5  613.0  613.5  614.0  614.5  615.0  615.5
 [1233]  616.0
> Fs(knots(Fs))                      # evaluation at knots
   [1] 6.293129e-05 1.522749e-04 3.289788e-04
   [4] 6.243719e-04 1.084735e-03 1.765837e-03
   [7] 2.732035e-03 4.055652e-03 5.815986e-03
> plot(Fs,do.points=FALSE,verticals=TRUE,xlim=c(0,60))# graphic
> mean(Fs)                            # empirical mean
[1] 19.99995
> quantile(Fs)                        # quantiles
  25%   50%   75%   90%   95%  97.5%   99%  99.5%
 14.0  19.0  24.5  30.0  33.5  36.5   40.5  43.0
```

3.3.4 高速フーリエ変換

もう1つの方法は逆関数法と呼ばれる一連の方法があるが，最も簡単なのが高速フーリエ変換法 (fast Fourier transformation) である．高速フーリエ変換は，離散フーリエ変換を使って畳み込み積計算の高速化を図る手法である．まず，連続関数 $f(x)$ のフーリエ変換 $\hat{f}(x)$ とその逆変換は以下のように定義される．

定義 3.2 任意の連続関数 $f(x)$ に対し，そのフーリエ変換とは，以下で定義される写像 $f \to \hat{f}$ をいう．

$$\hat{f}(z) = \int_{-\infty}^{\infty} f(x) e^{izx} dx \tag{3.16}$$

変換された関数 $\hat{f}$ はフーリエ逆変換により，元に戻る．

$$f(x) = \frac{1}{2\pi} \int_{-\infty}^{\infty} \hat{f}(z) e^{-izx} dz \tag{3.17}$$

$f(x)$ が確率密度関数ならばフーリエ変換された関数 $\hat{f}(z)$ は特性関数になる．この離散バージョンが確率関数 f_x について成立する．

定義 3.3 整数値 x 上で定義される周期 n をもつ関数 $f_x(\forall x, f_{x+n} = f_x)$ に

ついてベクトル $(f_0, f_1, \cdots, f_{n-1})$ に対し，離散フーリエ変換 $\hat{f}_x$ とは，

$$\hat{f}_k = \sum_{j=0}^{n-1} f_j \exp\left(\frac{2\pi i}{n} jk\right), \ k \in \mathbb{Z} \tag{3.18}$$

この写像は全単射であり，$\hat{f}_k$ も周期 n をもつ．さらに逆写像は，

$$f_j = \frac{1}{n} \sum_{k=0}^{n-1} \hat{f}_k \exp\left(-\frac{2\pi i}{n} kj\right), \ j \in \mathbb{Z} \tag{3.19}$$

高速フーリエ変換は，まず n が偶数次元のベクトルに関する離散フーリエ変換を考える．すると，

$$\begin{aligned}
\hat{f}_k &= \sum_{j=0}^{n-1} f_j \exp\left(\frac{2\pi i}{n} jk\right) \\
&= \sum_{j=0}^{\frac{n}{2}-1} f_{2j} \exp\left(\frac{2\pi i}{n} 2jk\right) + \sum_{j=0}^{\frac{n}{2}-1} f_{2j+1} \exp\left(\frac{2\pi i}{n}(2j+1)k\right) \\
&= \sum_{j=0}^{m-1} f_{2j} \exp\left(\frac{2\pi i}{m} 2jk\right) + \exp\left(\frac{2\pi i}{n} k\right) \sum_{j=0}^{m} f_{2j+1} \exp\left(\frac{2\pi i}{m}(2j+1)k\right)
\end{aligned}$$

すなわち，

$$\hat{f}_k = \hat{f}_k^{\text{even}} + \exp\left(\frac{2\pi i}{n} k\right) \hat{f}_k^{\text{odd}} \tag{3.20}$$

この操作は $n = 2^r$ の形であれば r 回続けることができる．長さ 1 の係数を求めることで，上の式により $2, 2^2, 2^3, \cdots, 2^r$ まで逐次求めることができる．高速フーリエ変換を畳み込み積の計算に利用するには以下のようにすればよい．

- 損害額分布の密度関数 $f_X(t)$ を最終的に累積損害額分布が必要なだけの精度をもつように r を十分な大きさをとるように離散化して，分布が $f_X(0), f_X(1), \cdots, f_X(n-1)$, $n = 2^r$ となるようにとる．
- 高速フーリエ変換をこの分布に適用して離散特性関数 $\phi_X(z)$ を得る．これも $n = 2^r$ 次元のベクトルである．
- 複合分布 $\phi_S(z) = P_N[\phi_X(z)]$ の計算により累積損害額分布が得られる．
- 逆高速フーリエ変換を使って累積損害額分布の密度関数を求める．

R による計算例 14（高速フーリエ変換）

高速フーリエ変換の R の関数は `fft` であり，使い方は非常に簡単である．ベ

3.3 累積損害額分布の導出

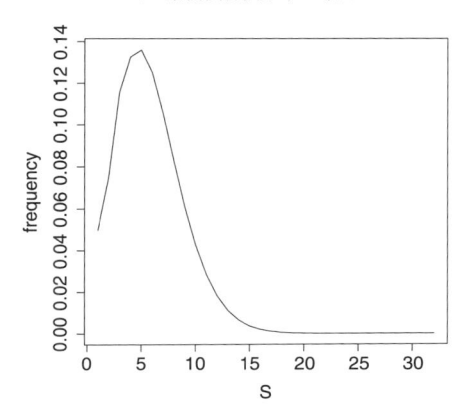

図 3.5 長さ 32 の高速フーリエ変換による累積損害額密度関数の計算

クトル (1,2,3,4) を離散フーリエ変換して，逆フーリエ変換をすると元に戻ることを確認できる．

```
x <- 1:4
fft(x)
[1] 10+0i -2+2i -2+0i -2-2i
fft(fft(x), inverse = TRUE)/length(x)
[1] 1+0i 2+0i 3+0i 4+0i
```

次に，1事故の損害額分布を $P(S=1)=0.5$, $P(S=2)=0.4$, $P(S=3)=0.1$ とし，パラメータ 3 のポアソン分布で事故が発生する場合の累積損害額の分布を高速フーリエ変換により求める．以下の例では $n=5$ とし，長さ 32 のベクトルで計算している（図 3.5）．計算結果は虚部がゼロ複素数表示で出力されるので実数化する必要がある．

```
x<-c(0,0.5,0.4,0.1,0,0,0,0,rep(0,24))  #追加で 24 のゼロを埋める
y<-fft(x)
z<-exp(3*(y-1))
f32<-fft(z,inverse=TRUE)/length(z)
f32<-as.numeric(f32)    #複素数を実数に変換する
plot(f32,type="l",xlab="S",ylab="frequency") #密度関数を表示
```

4 シミュレーション

アクチュアリーはシミュレーションをさまざまな場面で利用してきた．アセットシェア，商品収益性分析から始まり会社全体の損益シミュレーションやALMなどその重要性はますます高まってきている．特に，いくつかのシナリオを設定して行う決定論的なシミュレーションから，シナリオを確率論的に発生させることにより重要な変数に関する分布全体を分析する確率論的シミュレーションの需要が大きくなってきている．そこで，この章では確率論的シミュレーションについてとりあげ，Rを使った利用法について学ぶことにする．

4.1　決定論的シミュレーションと確率論的シミュレーション

アクチュアリーは従来，実務的には決定論的なシナリオ，特に資産収益率については単一の収益率シナリオを適用することが通常行われてきた．アクチュアリーがよく使う決定論的なモデルは将来収支分析と呼ばれるキャッシュフローモデルである．これは，ある保険商品の群団や1件当たり，あるいは会社全体の将来にわたるキャッシュフローの出入りを予測するモデルである．

生命保険を例にとると，収入項目としては保険料，運用収益などがあり，支出項目としては保険金・給付金，解約返戻金，事業費支出などがある．

しかし，近年，変額年金や第三分野保険において，不確実性が高い計算基礎について決定論的手法の限界が明らかになるにつれ，確率論的手法の導入が図られるようになってきた．

各国の保険当局は，いくつかの保険種目に対し，複数の金利や株価についての決定論的シナリオを義務付け，責任準備金や資本要件を決定する試みが行われてきた．しかしながら，それらのシナリオについて客観性や現実性の観点か

ら多くの疑問が投げかけられてきた．特に極端なシナリオに備えて，十分な資本を積む必要性を株主に対し説明することは困難な場合が多いであろう．

このように決定論的シナリオによる検証は，本質的な意味で定性的・定量的な有益な情報を得るには不十分である．確率論的なシナリオにもとづく分析は，もしそのモデルが十分な信頼性を有するならば，という条件の下ではあるが，その結果が確率分布の情報としてもたらされ，保険商品や保険会社の財務に関するリスクの状況を全体として把握することが可能となる．特に不確実性の高い一部の商品については不可欠の道具といってもよいであろう．

これらのモデルは将来予測に関連することから時系列モデルとして与えられることが多い．いわゆる金融工学で用いるいくつかのモデルも利用可能な場合があるが，アクチュアリーが扱う対象とは異なる場合がある．それは，1つは金融商品との時間軸の違いであり，デリバティブのような1日から数か月という世界ではなく，1年から数十年という時間を扱うため長期モデルが必要であるということである．もう1つは，基本的にはヘッジ手段が限られており，将来の損失は資本で賄わなければならないという点である．これは保険であることの宿命である．したがって，金融工学の無裁定理論が想定する完備市場とは異なる世界である．

4.2　乱数と確率変数の生成

乱数とは，ある確率変数の実現値の数列であり，その確率変数の確率分布に従って生成される．例えば，一様乱数は $(0,1)$ 区間の実数に対応して1をとる数列を生成するので極限では $(0,1) \times (0,1)$ の正方形を埋めつくす分布になるであろう．しかし，このようなランダムな数列を人工的に作り出すことは実際にはそれほど簡単ではない．Excelなど多くの表計算ソフトに組み込まれている乱数は，線形合同計算法と呼ばれる方法にもとづいて作成される．この方法は，$x_{n+1} = (ax_n + c) \bmod M, n \geq 0, M, 0 \leq a, c < M, \in \mathcal{N}$ という数列にもとづき逐次生成される数列を乱数とするものである．この方法の本質は，初等整数論にもとづき，できるだけ周期の長い数列を作り出すことにある．このためには，大きな素数 M とその原始根 a を使うことにより $(M-1)$ の周期が得ら

れることが知られているので，できるだけ大きな素数を適用すれば長周期の数列となる．しかし，実は困った点がある．このような算術的方法で得られた乱数には「規則性」があるため，ランダム性に問題が生ずることがあり，結晶構造と呼ばれる現象が生じてしまう．この結晶構造の中でもできるだけ均等に一様な数列になることが望ましく，そのため線形の漸化式ではなく多項式を利用する工夫が行われた．このようにしてできた数列を「M系列」と呼んでいる．このM系列の中で，現在のところ問題の少ないものとしてよく使われているのがMT19973と呼ばれるアルゴリズムである．このM系列はMatsumoto and Nishimura (1998) によって構成され，素数メルセンヌ数 $2^{19973}-1$ を周期としてもつため，メルセンヌツイスターと呼ばれている．Rではメルセンヌツイスターが標準的に設定されている．

Rにおける乱数の生成はきわめて簡単である．多くの関数について，rxxxxと頭にrをつけると乱数が自動的に生成される．例えば，(0,1)上の一様乱数はrunif(n)とおくとn個の乱数ができるし（図4.1），rnorm(n)でn個の標準正規分布の乱数ができる（図4.2）．

Rのコードは以下のとおり．

```
u<-runif(1000)  #1000個の一様乱数を生成
hist(u)      #ヒストグラムに書く
n<-rnorm(1000)   #1000個の正規乱数を生成
```

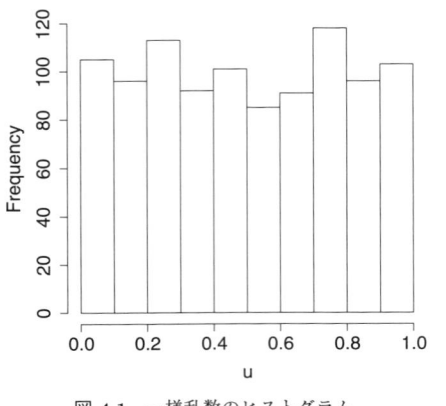

図4.1　一様乱数のヒストグラム

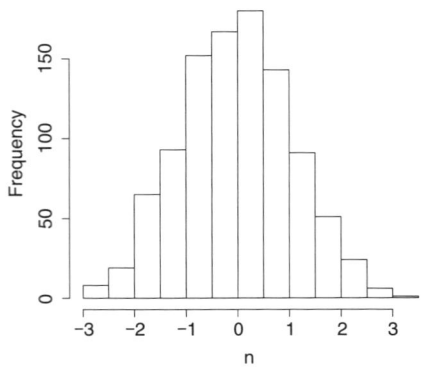

図4.2　正規乱数のヒストグラム

```
hist(n)    #ヒストグラムに書く
```

4.3　逆関数法

確率変数 X の分布関数 $F(x)$ において，次の2つの性質をもつことを利用した乱数の発生方法が逆関数法と呼ばれる．

1) $\lim_{x \to -\infty} F(x) = 0$, 　$\lim_{x \to \infty} F(x) = 1$
2) $F(x)$ は単調非減少の右連続関数．

このとき次の定理が成り立つ．

定理 4.1（逆関数法）　区間 $(0,1)$ 上の一様分布に従う確率変数 U と連続な分布関数 $F(x)$ について，$X = F^{-1}(U)$ で定義される確率変数 X の分布関数は $F(x)$ である．このとき逆関数は，$F^{-1}(u) = \sup\{x : F(x) < u\}$, $0 < u < 1$ によって定義され，このとき左連続な増加関数となる．

証明．X の分布関数を $F_X(x)$ とする．

$$\begin{aligned}
F_X(x) &= P(X \geq x) \\
&= P(F^{-1}(U) \geq x) \\
&= P(F(F^{-1}(U)) \geq F(x)) \\
&= P(U \geq F(x)) \\
&= F(x)
\end{aligned}$$

指数分布の場合には分布関数は $F(x) = 1 - e^{-\lambda x}$, $x \geq 0$ なので，逆関数 $F^{-1}(u)$ は，

$$F^{-1}(u) = -\frac{1}{\lambda} \log(1 - u) \tag{4.1}$$

である．したがって，$X = \frac{1}{\lambda} \log(1 - U)$，ないし $X = \frac{1}{\lambda} \log(U)$ はパラメータ λ の指数分布に従う．これを使って，R で指数分布を生成してみよう．乱数は 200 個発生させ，$\lambda = 10$ とおいている．

```
u<-runif(200)
lambda<-10
hist(-1/lambda*(log(u)),freq=F)
```

4.4　棄　却　法

離散確率分布 $\{q_j,\ j \geq 0\}$ をもつ確率変数 Y があるとき，別の確率分布布 $\{p_j,\ j \geq 0\}$ を生成する効率的な方法の1つに（採択）棄却法と呼ばれる以下の手続きがある[*1]．

1. $\{q_j,\ j \geq 0\}$ をもつ確率変数 Y の値を生成する．
2. 一様乱数 U を生成する．
3. もし，$U < \frac{p_Y}{cq_Y}$ ならば，$X = Y$ として止まり，そうでなければ 1. に戻る．

この方法により，X の確率分布は $p_j,\ j \geq 0$ になることが次の定理により保証される．

定理 4.2（離散型分布の棄却法）　棄却法のアルゴリズムは，以下の確率分布をもつ確率変数を生成する．

$$P[X = j] = p_j,\ j = 0, 1, \cdots \quad (4.2)$$

さらに，X を得るための繰り返しの数は平均 c の幾何分布となる．

まず1回目の確率を計算すると，

$$P[Y = j, 採択] = P[Y = j]P[採択\,|Y = j] = q_j \frac{p_j}{cq_j} = \frac{p_j}{c}$$

これを j について加えると採択される確率が出る．

$$P[採択] = \sum_j \frac{p_j}{c} = \frac{1}{c}$$

それぞれの繰り返しについて独立して $\frac{1}{c}$ の確率で採択されるので幾何分布とな

[*1] この節以降の内容は Ross (1997) に多くを負っている．

る．さらに，

$$P[X=j] = \sum_n P[n \text{ 回目に } j \text{ が採択}] = \sum_n \left(1 - \frac{1}{c}\right)^{n-1} \frac{p_j}{c} = p_j$$

R による計算例 15（離散型分布の棄却法）

確率変数 X が $1, 2, \cdots, 10$ の値を確率 $(0.11, 0.12, 0.09, 0.08, 0.12, 0.10, 0.09, 0.09, 0.10, 0.10)$ でとるようにしたい．確率変数 Y の確率分布を $q_j = 0.10$, $j = 1, 2, \cdots, 10$ とし，$c = \max(\frac{p_j}{q_j}) = 1.2$ とおくと，

1. 一様乱数 U_1 を発生させ，$Y = \text{Int}(10U_1) + 1$ とおく．
2. もう1つの一様乱数 U_2 を発生させる．
3. もし，$U_2 \leq \frac{p_Y}{0.12}$ ならば $X = Y$ として止まる．そうでなければ 1. に戻る．

3. の 0.12 は，$cq_Y = \frac{1.2}{10} = 0.12$ である．

R のコードは以下のとおり．

関数 sign は負，ゼロ，正に対し $(-1, 0, 1)$ を返すので N の定義式では $\frac{Y}{0.12} - U_2$ が正のときに 1 を返すようにしている．下の場合には 100 のうち 86 が採択された（採択率の期待値は $\frac{100}{1.2} = 83.3$）．それに対し，X は $N \times Y$ として定義し，正の要素だけ取り出せば X の確率分布となる．

```
p<-c(0.11,0.12,0.09,0.08,0.12,0.10,0.09,0.09,0.10,0.10)
U1<-runif(100);Y<-floor(10*U1)+1;U2<-runif(100)
N<-(sign(p[Y]/0.12-U2)+1)/2
sum(N)
[1] 86
X<-N*Y
X[X>0]
 [1]  4  8  2  8  9 10  4  1  3  8  8 10  8  5  8 10  8  4  3  2  6  1  3
[24] 10  9  9 10  9  2  6  5  1  8 10  8  6 10  1  4  6  6  6  2  3  8  4
[47]  7  2 10  9  6  9  1  8  5  1  3  6  2  3  2  4 10  4  1 10 10  9  2
[70]  4  5  1  1  2  7  2  2  8  2  4  8  4  9  6 10  1
```

連続型確率分布のときには，よくわかった確率変数 Y の密度関数 $g(x)$ を使って，欲しい密度関数 $f(x)$ の確率変数 X を生成する．具体的には，$\frac{f(x)}{g(x)} \leq c, \forall y$ であるような定数 c を決める．

1. 密度関数 g をもつ確率変数 Y の値を生成する.
2. 一様乱数 U を生成する
3. もし, $U < \frac{f(Y)}{cg(Y)}$ ならば, $X = Y$ として止まり, そうでなければ 1.) に戻る.

離散型と同じように以下の定理が成立する.

定理 4.3(連続型分布の棄却法)
1) 棄却法のアルゴリズムは, 密度関数 f をもつ確率変数を生成する.
2) X を得るための繰り返しの数は平均 c の幾何分布となる.

R による計算例 16(連続型分布の棄却法)
密度関数 f を以下のようにとる.

$$f(x) = 20x(1-x)^3,\ 0 < x < 1$$

ちなみに, この密度関数はベータ関数 $B(2,4)$ である. $g(x)$ としては定数関数 1 をとる. c を求めるために $\frac{f(x)}{g(x)}$ を微分して,

$$\frac{d}{dx}\left(\frac{f(x)}{g(x)}\right) = 20[(1-x)^3 - 3x(1-x)^2]$$

この零点 $\frac{1}{4}$ で最小値をとるので,

$$\frac{f(x)}{g(x)} = 20\frac{1}{4}\left(\frac{3}{4}\right)^3 = \frac{135}{64} = c$$

なので,

$$\frac{f(x)}{cg(x)} = \frac{256}{27}x(1-x)^3$$

したがって棄却法の手続きは,

1. 一様乱数 U_1 と U_2 を発生させる.
2. もし, $U_2 \leq \frac{256}{27}U_1(1-U_1)^3$ ならば $X = Y$, そうでなければ 1. に戻る.

以上を R のコードで書いてみる. 採択率は, $\frac{135}{27} \sim 2.11$ なので 47.4 程度となる.

```
U1<-runif(100);U2<-runif(100)
N<-(sign(U1*(1-U1)^3*256/27-U2)+1)/2
sum(N)
[1] 46
X<-N*U1
X[X>0]
 [1] 0.40589715 0.36710441 0.28855892 0.38095262 0.17840979 0.11330807
 [7] 0.53495804 0.32362895 0.03882959 0.27366721 0.21649737 0.21817657
[13] 0.36665768 0.34317894 0.26234812 0.22437380 0.35722327 0.18774873
[19] 0.45018952 0.40457164 0.18012267 0.66695025 0.64740111 0.15659951
[25] 0.42913286 0.49660741 0.36058146 0.20660435 0.26475829 0.07636741
[31] 0.10338345 0.22023350 0.44138564 0.62448646 0.38577524 0.16032593
[37] 0.22568930 0.51642472 0.12907235 0.23154147 0.39983441 0.50447860
[43] 0.21121274 0.12677187 0.29590319 0.27410312
```

4.5　ポアソン過程の生成

4.5.1　斉時ポアソン過程

パラメータ λ のポアソン過程には2つの同等な定義がある.

定義 4.1　$t_1, t_2, \cdots$ は独立同分布で,それぞれの確率変数は指数分布 $E(\lambda)$ に従う.このとき,$n \geq 1$ に対して $T_n = t_1 + \cdots + t_n$, $T_0 = 0$ を満たすとき,$N(s) = \max\{n : T_n \leq s\}$ で定義される $N(s)$ をパラメータ λ のポアソン過程という.

定義 4.2　以下の3つの条件を満たす確率過程 $\{N(s),\ s \geq 0\}$ をパラメータ λ のポアソン過程という.

1) $N(0) = 0$
2) $N(t+s) - N(s) = Poi(\mu t)$
3) $N(t)$ は独立増分である.すなわち,$t_0 < t_2 < \cdots < t_n$ に対し,$N(t_{i+1}) - N(t_i),\ i = 1, 2, \cdots, n$ は互いに独立.

この2つの定義は同等であり,$N(s)$ は平均 λs のポアソン分布に従うため,ポアソン過程と呼ばれている.

ポアソン過程は，損害保険数理でよく利用される確率過程である．ポアソン過程を生成するためには，この第 1 の定義を用いる．各 t_i は指数分布 (T) に従うので，$P(T<t) = F_T(t) = 1 - e^{-\lambda t}$ なる分布関数をもつ．したがって，一様乱数 U を発生させると，$t = -\frac{1}{\lambda}\log(1-U)$ は指数分布に従う発生時間間隔を表す．n 回目の発生は $T_n = \sum_{i=1}^{n} t_i$ となる．これから以下の手順が得られる．時間 t は $(0, T)$ の範囲で考える．

シミュレーションの手順

1. $t = 0, \quad i = 0$
2. 一様乱数 U を発生させる．
3. $t = t - \frac{1}{\lambda}\log U, \ t < T$ なら止まる．
4. $i = i + 1, \quad T_i = t$
5. 2. に戻る．

R による計算例 17（ポアソン過程 1）

```
t<-0;i<-0;T<-rep(0,100)
Tmax<-10    #10 期間まで考える
lambda<-3 #lambda=3 とする
for (i in 1:100){
u<-runif(1)
t<-t-1/lambda*log(u)
if(t<Tmax){
T[i]<-t
i<-i+1
}else{break}
}
Ti<-T[T>0]
Ti
 [1] 0.1574323 0.6965558 0.8550722 1.3150858 1.8937049 2.0156392 2.6497325
 [8] 3.1501817 3.5190779 3.5705756 3.7553035 5.1336978 6.3681091 6.4034864
[15] 6.9727435 7.9961599 8.5574875 8.8469119 9.7822163
length(Ti)
 [1] 19
```

もう 1 つの定義に従う方法は次のとおりである．計算は，もっと効率的かもしれない．この方法では，まず時刻 T までの発生数 $N(T) = n$ をシ

ミュレートする．平均 λT のポアソン分布の乱数を1つ選ぶだけでよい．次に，$N(T)$ の下で，$(0,T)$ 区間にイベントが一様に分布していると考えると，$[TU_1, TU_2, \cdots, TU_n](U_1 < U(2) < \cdots, U_n)$ がイベント時刻となる．

R による計算例 18（ポアソン過程 2）

```
Tmax<-10;lambda<-3
N<-rpois(1,lambda*Tmax)
u<-runif(N)
sort(Tmax*u)
##出力##
 [1] 0.7599292 1.1049090 1.2931822 1.3947098 1.4953013 1.7038720 1.9621681
 [8] 1.9688951 2.1157667 2.2780413 2.5381428 2.5645831 3.2226714 3.2236370
[15] 3.3516134 3.4939314 3.6941599 3.8924938 3.9563996 4.0516220 4.2977447
[22] 4.3122886 4.4341092 4.6891288 5.0075575 5.5500421 6.7830457 7.0716988
[29] 8.0139033 8.2972554
```

4.5.2 非斉時ポアソン過程

アクチュアリアルモデルとして応用可能な非常に重要な計数過程 (counting process) は非斉時ポアソン過程である．これは一様な増分過程を前提とするポアソン過程を拡張できる．強度 (λ) は定数ではなく時間の関数である．

a. 強度関数

計数過程 $N(t)$ が以下の条件を満たすと仮定する．

1) （加法過程）

　　$0 \leq s \leq t \leq u \leq v$ のとき，$N(t) - N(s)$ と $N(v) - N(u)$ は独立である．

2) $f_0(t) = P(N_t = 0)$ は t の関数として連続

　　⇒ $f_0(t)$ は時点 t での発生ゼロの確率で単調増加関数となる．

3) $P(N(s+t) - N(s) \geq 2) = o(t)$ $(\lim_{t \to 0} \frac{o(t)}{t} = 0)$

ポアソン過程は，上の 2) の条件を「$N(t+s) - N(s)$ と $N(t)$ は同じ分布（定常）」で，しかも $f_0(t) = P(N_t = 0) = e^{-\lambda t}$（指数分布）に限定したものである．

定義 4.3 オペレーショナルタイムとは，$\{N_t\}$ が上の3つの条件を満たす計数過程のとき，

$$\tau(t) = -\log P(N_t = 0) = -\log f_0(t)(=\lambda t)$$

で定義される単調増加連続関数のことをいう．

ポアソン過程の下では，$\tau(t) = -\log P(N_t = 0) = \lambda t$ である．発生強度は斉時的（時間的に一様）であることがわかる．オペレーショナルタイムとは発生強度が一様になるように時間尺度をとり直す意味をもつ．

定義 4.4 強度関数とは，

$$\lambda(t) = -\frac{d\log f_0(t)}{dt} = -\frac{d\log P(N_t = 0)}{dt} = -\frac{\frac{d}{dt}P(N_t = 0)}{P(N_t = 0)}$$

で定義される単調増加連続関数のことをいう．

非斉時過程における強度関数の意味は，次の事実からわかる．$\lambda(t)dt$：時刻 $[t,\ t+dt)$ の間にイベントが発生する確率とすると，

$$\begin{aligned}\lambda(t) &= -\frac{f_0'(t)dt}{f_0(t)} = -\frac{f_0(t+dt) - f_0(t)}{f_0(t)} \\ &= -\frac{f_0(t)P(N_{t+dt} - N_t = 0) - f_0(t)}{f_0(t)} = 1 - P(N_{t+dt} - N_t = 0) \\ &= P(N_{t+dt} - N_t \geq 1) = P(N_{t+dt} - N_t = 1)\end{aligned}$$

すなわち，t から次の瞬間 $t + dt$ の間にイベントが発生する確率ということになる

b. 非斉時ポアソン過程の生成

非斉時ポアソン過程を想定すると，数学的モデルとして解析解を得ることは通常困難となる．その結果，そのような過程はシミュレーションで数値計算を行うことになる．強度関数 $\lambda(t)$ をもつ非斉時ポアソン過程の最初の T 期間をシミュレートしたい．

最初の方法はシンニング (thinning)[*2] もしくは無作為抽出法 (random sampling) と呼ばれる近似法を用いる．まず $\lambda(t) \leq \lambda,\ \forall t \leq T$ となるよう λ の値を選ぶ．

[*2] 日本語では「刈り込み法」という．

4.5 ポアソン過程の生成

非斉時ポアソン過程はパラメータ λ をもつポアソン過程のイベント時刻を無作為に選択することによって生成することができる．時刻 t で発生するパラメータ λ のポアソン過程の事象（前に発生したものと独立）は確率 $\frac{\lambda(t)}{\lambda}$ で与えられる．そのときイベントが発生した計数過程は，強度関数 $\lambda(t), 0 \le t \le T$ の非斉時ポアソン過程である．それゆえ，ポアソン過程でシミュレートすることによって，そのとき無作為にそのイベントを数える．そうすることで，意図していた非斉時ポアソン過程を生成することができる．このアルゴリズムを以下に示す．

> **非斉時ポアソン過程の生成**
> 1. $t = 0, \ I = 0$
> 2. 一様乱数 U を生成．
> 3. $t = t - \frac{1}{\lambda}\log U$, もし $t > T$ ならば止まる．
> 4. 一様乱数 U を生成．
> 5. $U \le \frac{\lambda(t)}{\lambda} \Rightarrow I = I + 1, \quad S(I) = t$
> 6. 2. に戻る．

上記の $\lambda(t)$ は強度関数，λ は $\lambda(t) \le \lambda$ を満たす．I の最後の値はイベント時刻 T までの発生数を表す．また，$S(1), \cdots, S(I)$ はイベント時刻を表す．

R による計算例 19（非斉時ポアソン過程 1）

この方法を使った R による計算例を示す．強度関数を $\lambda(t) = 1 + \frac{t}{5}$, 期間を $T = 10$ として，シミュレーションを実行する．強度関数の時間平均が 2 で期間が 10 なので，$\lambda T = 20$ の斉時ポアソン分布に近いと考えられるが，発生数 17 なのでよい結果である．また強度関数は，単調増加であるので発生間隔は短くなる傾向があるはずだが，結果はそのとおりになっている．

```
lambda<-function(t){
1+t/5} #lambda(t)=1+t/5
lmax<-3 #lambda=3
T<-10;t<-0;S<-rep(0,100)
for (i in 1:100){
u<-runif(1)
t<-t-1/lmax*log(u)
if(t<T){
```

```
u<-runif(1)
if(u<lambda(t)/lmax){
S[i]<-t
i<-i+1
}else{}
}else{break}
}
Si<-S[S>0]
length(Si)
 [1] 17
Si
 [1] 0.7904945 1.0394648 1.6112652 2.2751534 3.4857825 3.7513097 3.8034823
 [8] 4.5973605 5.3762506 5.5810493 6.1432276 6.2082867 6.8538948 9.0467332
[15] 9.1358102 9.5947917 9.7834741
```

非斉時ポアソン過程をシミュレートするための2番目の方法は，連続するイベント時刻を直接生成することである．つまり，$S_1, S_2, \cdots$ は過程の連続するイベント時刻を表す．これらの確率変数は明らかに依存している．それらを数列で生成する．S_1 を求め，生成した S_1 の値を使って S_2 を生成する．他も同様である．

はじめに時刻 s でイベントが発生し，s 以前の発生と独立して，次のイベントが発生するまでの時間は分布 $F_S(x)$ により与えられる．

$$
\begin{aligned}
F_S(x) &= P\left(s \text{ から次の事象までの時間は } x \text{ 未満 } |s\right) \\
&= P\left(\text{次の事象は } x+s \text{ より前 } |s\right) \\
&= P\left(\text{次の事象は } x+s \text{ より前}\right) \quad (\because \text{独立増分性}) \\
&= 1 - P\left((s, \ x) \text{ で事象が 0 個}\right) \\
&= 1 - \exp\left(-\int_s^{s+x} \lambda(y) dy\right) \\
&= 1 - \exp\left(-\int_0^s \lambda(s+y) dy\right)
\end{aligned}
\tag{4.3}
$$

分布 F_0 から S_1 を生成することによりイベント時刻 S_1, S_2 をシミュレートできる．シミュレートした S_1 の値が s_1 ならば，F_{S_1} から生成した値に s_1 を加えることにより S_2 を生成することができる．そしてこの和を s_2 とし分布 F_{S_2}

から生成した値に s_2 を加えることにより S_3 を生成することができる．他のものも同じように生成することができる．

R による計算例 20（非斉時ポアソン過程 2）

強度関数 $\lambda(t) = \frac{1}{t+a}$ $(t > 0,\ a : 正数)$ のとき，$S_1, S_2, \cdots$ を求める．

$$\int_0^x \lambda(s+y)dy = \int_0^x \frac{1}{s+a+y}dy = [\log(s+a+y)]_0^x = \log\frac{s+a+x}{s+a}$$

式 (4.3) より，

$$F_S(x) = 1 - \exp\left(-\log\frac{s+a+x}{s+a}\right) = 1 - \frac{s+a}{s+a+x} = \frac{x}{s+a+x}$$

逆関数法により，$x = F_S^{-1}(u)$ を求める．
$u = F_S(x) = \frac{x}{s+a+x}$ より，$x = \frac{(s+a)u}{1-u}$ であり，∴ $F_S^{-1}(u) = \frac{(s+a)u}{1-u}$．
一様乱数 $U_1, U_2, \cdots$ を用いると

$$S_1 = \frac{aU_1}{1-U_1}$$
$$S_2 = S_1 + \frac{(S_1+a)U_2}{1-U_2} = \frac{S_1 + aU_2}{1-U_2}$$

一般的に表すと，

$$S_j = S_{j-1} + \frac{(S_{j-1}+a)U_j}{1-U_j} = \frac{S_{j-1} + aU_j}{1-U_j},\ j \geq 2$$

この例題でイベント数を 10，$a = 0.003$ とした場合の計算結果を示す．

```
U<-runif(10);a<-0.003;S<-rep(0,10);s<-0
 for (i in 1:10){
 s<-(s+a*U[i])/(1-U[i])
  S[i]=s
 }
round(S,4)
 [1]  0.0039  0.0046  0.0128  0.0146  0.0537 10.4599
 [7] 17.0600 25.6572 46.5175 62.8947
```

強度関数が減少関数だったので，イベントの発生間隔はイベントの発生が増加するにつれて広くなってゆく傾向があるはずだが，上の結果はそれに合致している．

5 確率論的シナリオ生成モデル

　時系列データとは，時間の経過とともに測定，計測された結果の数値化された記録である．例えば，ある場所での毎日の気温や気圧，人体の血圧や心拍数，脳波，株価や為替レート，GDP 成長率や物価指数などを時間の経過とともに観察したものはすべて時系列データとなる．

　時系列モデルとは，時間のインデックスがついた確率過程 x_t をいう．時系列データが与えられ，適当な時系列モデルを選ぶと，その現象がうまく説明できたり予測できることがある．そのために時系列の性質や特徴を捉えた時系列モデルが数多く考案されており，アクチュアリーが利用するのに適したモデルも多い．その中から，よく使われる時系列モデルを紹介してゆく．

5.1　時系列モデル

　R では，時系列データを扱うために適した，行列やデータフレームに関するオブジェクト形式が用意されている．基本的な時系列データの操作や分析に関しては，R の基本パッケージ stats の中に入っている ts を自由に使うことができる．以下の例は，次のような操作を表している．

　1 段目：1 から 10 までの数値を 1959 年の第 2 四半期から始まる時系列データとして変換．

　2 段目：同じデータを 12 週の 2 日目から始まる時系列データとして表す．

　3 段目：1954 年 7 月を起点にして，標準正規乱数を 100 個発生させ，それに 1 を加えた数値を毎月の成長率として累積したものを図にする（図 5.1）．

```
ts(1:10, frequency = 4, start = c(1959, 2)) # 2nd Quarter of 1959
```

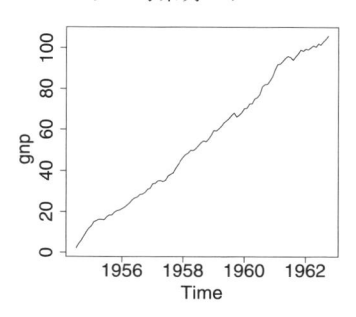

図 5.1　GDP の成長率

```
      Qtr1 Qtr2 Qtr3 Qtr4
1959         1    2    3
1960    4    5    6    7
1961    8    9   10

print(ts(1:10, frequency = 7, start = c(12, 2)), calendar = TRUE)
p1 p2 p3 p4 p5 p6 p7
12    1  2  3  4  5  6
13  7  8  9 10

# print.ts(.)
## Using July 1954 as start date:
gnp <- ts(cumsum(1 + round(rnorm(100), 2)),   ##cumsum は累積関数
          start = c(1954, 7), frequency = 12)
plot(gnp) # using 'plot.ts' for time-series plot
```

また，複数の時系列を同時に扱うには，行列でデータを与えるだけでよい．単に plot とするとそれぞれの変数に対する複数の図を描くが（図 5.2），type=''single'' とすると重ねて 1 つの図に描く（図 5.3）．

```
## Multivariate
z <- ts(matrix(rnorm(300), 100, 3), start=c(1961, 1), frequency=12)
class(z)
plot(z)
plot(z, plot.type="single", lty=1:3)
```

次節以降ではアクチュアリーがよく利用する具体的な金融時系列モデル，特

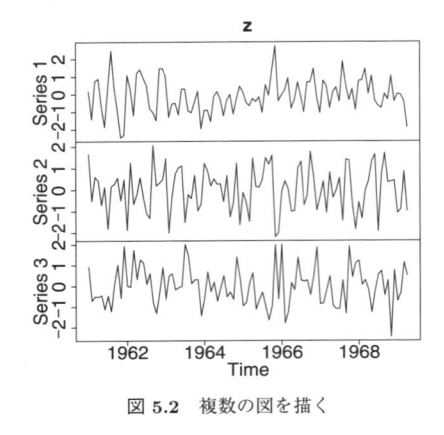

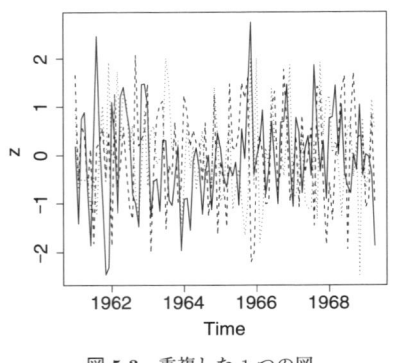

図 5.2 複数の図を描く   図 5.3 重複した1つの図

に金利モデルと株式収益率モデルについてRの使い方とともに解説し，次に欧米で開発が進んでいる経済シナリオ生成器 (economic scenario generator：ESG) について概要を説明する．

5.2　株価変動モデル

5.2.1　株価変動モデルの作成

本節では，株式収益率データを使って時系列モデルを扱う．月末の株価を S_t で表すものとする．ある銘柄の株価でもよいが，株式インデックスでも構わない．株式収益率は，$R_t = \frac{S_{t+1}+D_t}{S_t} - 1$ で定義する．ここで，D_t は株主配当である．連続複利で考える方が便利な場合には，対数収益率 $r_t = \log(\frac{S_{t+1}+D_t}{S_t})$ を使うことも多い．

a. 独立同分布 (i.i.d.) モデル

この場合は時系列といっても，すべての時点で同じ分布であり，しかも異時点間の分布も独立なので時差相関はゼロとなっている．

$$y_t = Y, \quad Y \sim f(y;\theta) \tag{5.1}$$

特に株価の場合には，ブラック–ショールズモデルの前提である対数正規分布 $Y \sim LN(\mu, \sigma^2)$ が用いられる場合が多い．しかし，実際の株価の分布はより裾の厚い尖った分布であることが知られており，t 分布や超幾何分布，安定

5.2 株価変動モデル

分布などが使われることがある．対数正規分布では，$r_t \sim N(\mu, \sigma^2)$ であるので，パラメータは対数収益率の平均 μ と分散 σ^2 を求めるだけでよい．最尤法により，対数正規モデルによるパラメータ推計を実施する．密度関数は，$f(y) = \frac{1}{y\sigma\sqrt{2\pi}} \exp\{-\frac{1}{2}(\frac{\log y - \mu}{\sigma})^2\}$ なので，対数尤度は

$$l(\mu, \sigma) = \sum_{i=1}^{n} \log\left[\frac{1}{\sqrt{2\pi}\sigma} \exp\left\{-\frac{1}{2}\left(\frac{y_i - \mu}{\sigma}\right)^2\right\}\right]$$
$$= -\frac{n}{2}\log 2\pi - n\log\sigma - \frac{1}{2}\sum_{i=1}^{n}\left(\frac{y_i - \mu}{\sigma}\right)^2 \quad (5.2)$$

したがって，

$$\frac{\partial l(\mu, \sigma)}{\partial \mu} = \sigma^{-2}\left[\sum_{i=1}^{n} y_i - n\mu\right], \quad \frac{\partial l(\mu, \sigma)}{\partial \sigma} = -\frac{n}{\sigma} + \frac{1}{\sigma^3}\sum_{i=1}^{n}(y_i - \mu)^2 \quad (5.3)$$

であるので，$\hat{\mu} = \bar{y}$，$\hat{\sigma} = \sqrt{\frac{\sum_{i=1}^{n}(y_i - \hat{\mu})^2}{n}}$ が得られる．このパラメータの信頼区間を求めるにはフィッシャーのスコアリング法[*1)]を用いる．対数尤度関数の2階微分をとり，

$$\frac{\partial^2 l}{\partial \mu^2} = -\frac{n}{\sigma^2} \quad (5.4)$$

$$\frac{\partial^2 l}{\partial \mu \partial \sigma} = -\frac{2}{\sigma^2}\left[\sum_{i}^{n} y_i - n\mu\right] \quad (5.5)$$

$$\frac{\partial^2 l}{\partial \sigma^2} = -\frac{3}{\sigma^3}\sum_{i}^{n}(y_i - \mu)^2 + \frac{n}{\sigma^2} \quad (5.6)$$

この期待値をとると，対角成分のみが非ゼロとなって，情報行列は，$I(\mu, \sigma) = \begin{pmatrix} \frac{n}{\sigma^2} & 0 \\ 0 & \frac{2n}{\sigma^2} \end{pmatrix}$ となる．この逆行列が漸近分散共分散行列となり，σ を推定値 $\hat{\sigma}$ で置き換えて，$\Sigma = \begin{pmatrix} \frac{\hat{\sigma}^2}{n} & 0 \\ 0 & \frac{\hat{\sigma}^2}{2n} \end{pmatrix}$ を得る．

```
equ<-read.table("USJapanequity.txt",header=T)
data<-equ[,3]
yudo<-function(x,mu,sigma){
log(dnorm(x,mu,sigma))
```

[*1)] 巻末付録 D を参照のこと．

```
}
YUDO<-function(y){
sum(yudo(data,y[1],y[2]))
}
optim(c(0.01,0.05),YUDO,control=list(fnscale=-1))
##### 結果 #####
$par
[1] 0.01095472 0.05253099
$value
[1] 989.7828
$counts
function gradient
      45        NA
$convergence
[1] 0
$message
NULL
mean(data)
[1] 0.01095515
sd(data)
[1] 0.05257004
```

b. ARMA モデル

時系列データが以下のように過去の履歴の線形結合の影響を受けるモデルである.

$$y_t = a_1 y_{t-1} + a_2 y_{t-2} + \cdots + \epsilon_t \tag{5.7}$$

各 a_i を自己回帰係数, p を次数と呼び, $AR(p)$ で次数 p の AR モデルを表す. AR(1) は AR モデルの中で最も単純な過程である.

$$y_t = \mu + a(y_{t-1} - \mu) + \sigma \epsilon_t, \ |a| < 1, \ \epsilon_t i.i.d. \sim N(0,1) \tag{5.8}$$

次に最尤法に移る. まず, 1 期前の収益率が与えられたときの条件付分布は $Y_t|Y_{t-1} \sim N(\mu(1-a) + ay_{t-1}, \sigma^2)$ で与えられるので, t が 2 期以降は,

$$f(y_t; \mu, a, \sigma | y_{t-1}) = \sigma^{-1} \phi \left(\frac{y_t - ((1-a)\mu + ay_{t-1})}{\sigma} \right) \tag{5.9}$$

が成り立つ. ϕ は標準正規分布の密度関数. 初期値としては無条件分布を $Y_1 \sim N(\mu, \frac{a^2}{1-a^2})$ をとる. 対数尤度関数は, これらの密度関数の対数の $i = 1$〜

n の和として得られる. 最尤法はこの対数尤度関数を最大化するパラメータを求めればよい. R では, ar(時系列データ, aic=TRUE,method=,…) という関数で自己回帰モデルの当てはめを自動的に実行する. 当てはめの方法は, ユール–ウォーカー法 (yule-walker)[*2], 最小二乗法 (ols), 最尤法 (mle), バーグ法 (burg)[*3]から選択できる.

さらに, 自己回帰モデルに移動平均項 $\sum_{t=1}^{q} b_j e_{t-j}$ を付加したモデル, すなわち

$$y_t = \sum_{i=1}^{p} a_i y_{t-i} + \sum_{j=1}^{q} b_j e_{t-j} + \epsilon_t \tag{5.10}$$

を自己回帰移動平均 (ARMA: autoregressive moving average) モデルと呼び, ARMA(p,q) で表す. さらに時系列 y_t の d 階差分をとった $\Delta^d y_t$ が ARMA(p,q) に従うモデルを自己回帰和分移動平均 (ARIMA: autoregressive integrated moving average) モデル ARIMA(p,d,q) と呼ぶ. これらは 1960 年代に Box と Jenkins により盛んに研究されたため, Box–Jenkins 法という総称で呼ばれることがある. R では arima(x,order(p,d,q),…) の関数により分析が可能であるが本書では省略する.

```
library(tseries)
data<-read.table("USJapanequity.txt",header=T)
N<-length(data)
topix.data<-data[337:N,3];topix.ar<-arma(topix.data)
summary(topix.ar)
plot(topix.ar)
summary(topix.ar)
Call:
arma(x = topix.data)
Model:
ARMA(1,1)
Residuals:
      Min        1Q    Median       3Q      Max
-0.1877487 -0.0277497 -0.0003238 0.0319175 0.2211973
Coefficient(s):
         Estimate   Std. Error  t value Pr(>|t|)
ar1      0.694873   0.327684    2.121    0.0340 *
```

[*2] k 次の自己共分散から導かれる方程式を解くことにより推計する方法.
[*3] いわゆる, 連続した次数の反発係数を推定し, これを使って再帰的に AR 係数を推定する方法.

```
ma1         -0.619710    0.356213   -1.740   0.0819 .
intercept    0.004594    0.004937    0.931   0.3520
---
Signif. codes:  0 '***' 0.001 '**' 0.01 '*' 0.05 '.' 0.1 ' ' 1
Fit:
sigma^2 estimated as 0.002583,  Conditional Sum-of-Squares = 0.86,
AIC = -1039.48
```

結果としては，ARMA(1,1) が選択されたが，MA 項の係数は有意水準 5% では棄却されるため，AR(1) モデルでもよいかもしれない．

c. ARCH モデル

時系列データが，条件付きの平均と条件付きの分散の正規分布に従うとき ARCH(autoregressive conditional heteroskedastic) モデルという．最も単純な ARCH(1) モデルは，

$$y_t = \mu + a(y_{t-1} - \mu) + h_t \epsilon_t, \quad h_t^2 = h_0 + (y_{t-1} - \mu)^2 \tag{5.11}$$

ARCH モデルは，パッケージ tseries に garch という関数があるので，下のプログラムのように，その係数を c(0,1) とする．最初の 0 が，$h(t-1)$ の項がないことを示している．garch では残差の正規性の検定手法の Jarque Bera 検定[*4)]と，残差の独立性についての検定手法である Ljung–Box 検定[*5)]を自動的にやってくれる．以下の結果は，いずれの検定もパスしたことを示している．AIC の値は ARMA モデルを下回り，ARCH モデルの方がよい結果となった．

```
topix.arch<-garch(topix.data,c(0,1))
summary(topix.arch)
AIC(topix.arch)
plot(topix.arch)
Model:
GARCH(0,1)
```

[*4)] データ数 n の歪度 s，尖度 k により得られる統計量 $JB = \frac{n}{6}(s^2 + \frac{(k-3)^2}{4})$ が自由度 2 の χ^2 分布に従うことから正規分布であるかどうかの検定を行うもの．

[*5)] 時系列に自己相関があるかないかを検定する．データ数 n，ラグ j の自己相関を $\hat{\rho}^j$，検定するラグ数を h とするとき，$Q = n(n+2)\sum_{j=1}^{h} \frac{\hat{\rho}^j}{n-j}$ が自由後 h の χ^2 分布に従うことから正規分布であるかどうかの検定を行うもの．

```
Residuals:
    Min      1Q  Median      3Q     Max
-3.1597 -0.2581  0.2745  0.9010  3.5788
Coefficient(s):
    Estimate  Std. Error  t value Pr(>|t|)
a0 0.0025511   0.0002201   11.591  <2e-16 ***
a1 0.0997043   0.0483215    2.063  0.0391 *
---
Signif. codes:  0 '***' 0.001 '**' 0.01 '*' 0.05 '.' 0.1 ' ' 1
Diagnostic Tests:
        Jarque Bera Test
data:  Residuals
X-squared = 15.3125, df = 2, p-value = 0.0004731
        Box-Ljung test
data:  Squared.Residuals
X-squared = 0.3706, df = 1, p-value = 0.5427
> AIC(topix.arch)
[1] -1011.078
```

d. GARCH モデル

ARCH(1) モデルの条件付分散の式を，$h_t^2 = h_0 + (y_{t-1} - \mu)^2 + h_{t-1}^2$ にと変えることで，一般化 ARCH(generalized ARCH) モデル（GARCH(1,1)）となる．R では garch を実行すると，次数まで決めてくれる．結果は，a0 を除き 5% で有意であることを示す．残差の検定はいずれもパスしている．AIC はいままでで最も小さくなり，いままでの中で最もよいモデルであることが確認される．

```
topix.garch<-garch(topix)
summary(topix.garch)
AIC(topix.garch)
plot(topix.garch)
Model:
GARCH(1,1)
Residuals:
    Min      1Q  Median      3Q     Max
-2.7576 -0.2724  0.2799  0.8218  3.1605
Coefficient(s):
    Estimate  Std. Error  t value Pr(>|t|)
a0 7.913e-05   5.743e-05    1.378  0.16821
```

```
a1 8.297e-02   2.974e-02    2.790  0.00527 **
b1 8.979e-01   4.242e-02   21.169  < 2e-16 ***
---
Signif. codes:  0 '***' 0.001 '**' 0.01 '*' 0.05 '.' 0.1 ' ' 1
Diagnostic Tests:
         Jarque Bera Test
data:  Residuals
X-squared = 10.2318, df = 2, p-value = 0.006001
          Box-Ljung test
data:  Squared.Residuals
X-squared = 2.4067, df = 1, p-value = 0.1208
> AIC(topix.garch)
[1] -1033.369
```

e. RSLN モデル

局面転換 (regime-switching) モデルは，異なるパラメータで定義づけられた K 個の状態をランダムに転換する確率過程をいう．この状態間を移行する確率は現在の状態のみによることを仮定することが多いので，隠れマルコフモデルともいわれる．株式の収益率過程を表現するのに Hardy(2003) は，これを対数正規モデルと組み合わせた局面転換対数正規 (regime-switching lognormal : RSLN) モデルを提唱した．

このモデルの背景にある考え方は，株式市場にはボラティリティの低い安定期と高い不安定期など複数の状態があり，それぞれの状態を遷移しているのではないかという仮説である．最近の金融市場の激しい変動を見るとそれなりの説得力がある．ただし，局面転換が存在する理由についてはこのモデルが説明してくれるわけではない．

株式収益率 Y_t が K 局面転換対数正規モデル (RSLN-K) に従うとは，t 月目の状態 ($\rho_t \in \{1, 2, \cdots, K\}$) について，その状態の条件付対数収益率が正規分布であることをいう．

$$Y_t | \rho_t \sim N(\mu_{\rho_t}, \sigma_{\rho_t}),\ \rho_t \in \{1, 2, \cdots, K\}$$

遷移確率行列 $P = (p_{i,j})$ は局面転換の確率を表す行列であり，各要素は次のように定義される．定義から列和は 1 となる．

$$p_{i,j} = P(\rho_{t+1} = j | \rho_t = i),\ i, j \in \{1, 2, \cdots, K\} \tag{5.12}$$

したがって，2局面転換モデルの場合のパラメータは $\Theta = (\mu_1, \mu_2, \sigma_1, \sigma_2, p_{1,2}, p_{2,1})$ の 6 であり，3 局面の場合には 12 になる．

RSLN モデルのパラメータの推計には，標準的な最尤法を用いればよい．

株式収益率データ $(y_1, y_2, \cdots, y_n)$ が与えられたときに，以下の尤度関数を最大化する．

$$L(\Theta) = f(y_1, y_2, \cdots, y_n | \Theta)$$
$$= f(y_1|\Theta) f(y_2|y_1, \Theta) \cdots f(y_n|y_1, y_2, \cdots, y_{n-1}|\Theta) \quad (5.13)$$

したがって対数尤度は，

$$l(\Theta) = \log L(\Theta) = \sum_{j=1}^{n} \log f(y_j | y_1, y_2, \cdots, y_{j-1} | \Theta) \quad (5.14)$$

であり，各 $f(\cdots)$ は再帰的に以下の式で決定される．

$$f(y_t | y_1, y_2, \cdots, y_{t-1}, \Theta)$$
$$= \sum_{\rho_t=1,2, \rho_{t-1}=1,2} f(\rho_t, \rho_{t-1}, y_t | y_1, y_2, \cdots, y_{t-1} | \Theta) \quad (5.15)$$

この密度関数 f をさらに分解すると，

$$f(\rho_t, \rho_{t-1}, y_t | y_1, y_2, \cdots, y_{t-1} | \Theta)$$
$$= p(\rho_{t-1}|y_1, \cdots, y_{t-1}, \Theta) \times p(\rho_t|\rho_{t-1}, \Theta) \times f(y_t, \rho_t|\Theta) \quad (5.16)$$

となり，$p(\rho_t|\rho_{t-1}, \Theta)$ は，推移確率 p_{ρ_{t-1}, ρ_t} であり，また

$$f(y_t|\rho_t, \Theta) = \frac{1}{\sigma_{\rho_t}} \phi\left(\frac{y_t - \mu_{\rho_t}}{\sigma_{\rho_t}}\right)$$

さらに，$p(\rho_{t-1}|y_1, \cdots, y_{t-1}, \Theta)$ は，

$$\frac{f(\rho_{t-1}, \rho_{t-2}=1, y_{t-1}|y_1, \cdots, y_{t-2}, \Theta) + f(\rho_{t-1}, \rho_{t-2}=2, y_{t-1}|y_1, \cdots, y_{t-2}, \Theta)}{f(y_{t-1}|y_1, \cdots, y_{t-2}, \Theta)}$$
$$(5.17)$$

であり，この式の分子・分母は 1 つ前の再帰式から逐次的に計算できる．

また初期状態として，定常分布 $p(\rho_0 = 1) = \pi_1 = \frac{p_{12}}{p_{12}+p_{21}}$ から出発する．

最尤法を実行するためには，Rでは最大化のためにoptimという関数を使うが，データ量が大きくなると，このような繰り返し計算は得意でなく，長時間計算させても，しばしば収束しないこともあるので工夫が必要な場合がある．初期値をうまく選んでやることが成功の秘訣である．パラメータの推定値は，$\mu_1 = -0.0045$, $\mu_2 = 0.01154$, $\sigma_1 = 0.06113$, $\sigma_2 = 0.03122$, $p_{1,2} = 0.1932$, $p_{2,1} = 0.0757$ となった．プログラムでは，fsum1, fsum2 という中間項を導入したが，これは $\sum_{k=1}^{2} f(\rho_{t-1} = j, \rho_{t-2} = k, y_{t-1}|y_1, \cdots, y_{t-2}, \Theta)$, $j = 1, 2$ の意味である．

```
# RSLN2
theta<-c(-0.054,0.035,0.062,0.0312,0.17,0.07)#6つのパラメータを指定する．
NN<-length(topix)
L<-0
F<-function(theta){
fsum1<-theta[6]/(theta[5]+theta[6])*dnorm(topix[1],theta[1],theta[3])
fsum2<-theta[5]/(theta[5]+theta[6])*dnorm(topix[1],theta[2],theta[4])
fsum<-fsum1+fsum2
L<-log(fsum)+L
for (k in 2:NN){
fsum1<-((1-theta[5])*fsum1+theta[6]*fsum2)
  /fsum*dnorm(topix[k],theta[1],theta[3])
fsum2<-(theta[5]*fsum1+(1-theta[6])*fsum2)
  /fsum*dnorm(topix[k],theta[2],theta[4])
fsum<-fsum1+fsum2
L<-log(fsum)+L
}
return(L)
}
optim(theta,F,control=list(fnscale=-1))
$par
[1] -0.004505244  0.011542382  0.061134658  0.031218274  0.193160536
[6]  0.075709300

$value
[1] 509.5621

$counts
function gradient
```

```
       501         NA
$convergence
[1] 1

$message
NULL
```

5.2.2 株価変動モデルのシミュレーション

以上のような手続きにより，パラメータの推定が行われてモデルが確定すると次にそのモデルでシナリオを生成する段階に入る．LN，AR(1)，ARCH(1) と GARCH(1,1) の各モデルによる手順を説明しよう．

a. 対数正規 (LN)

このシミュレーションは簡単である．

1. 標準正規分布の乱数 Z_1 を1つ生成．
2. $Y_1 = \mu + \sigma Z_1$ は1期目の対数収益率，$S_1 = S_0 \exp(Y_1)$ は株価．
3. $t = 2, 3, \cdots, n$ として 1. と 2. を繰り返す．n はシミュレーション期間である．
4. N 個のシナリオに対し，1.～3. を繰り返す．N 個は必要な精度を得るために十分大きく設定する．

R による計算例 21（LN モデルのシミュレーション）

R のプログラム例を以下に示す．平均 0.1，標準偏差 0.2 の正規乱数を 1000 個作り，対数収益率 y に入れる．1000 個の収益率は，10 期間の 100 シナリオに再構成し，cumsum という関数で累積し，株価に変換している．

```
mu<-0.1;sigma<-0.2;z<-rnorm(1000)
y<-matrix(mu+sigma*z,100,10)
Y<-matrix(rep(1,1000),100,10)
S<-matrix(rep(1,1000),100,10)
for (j in 1:10){
Y[,j]<-cumsum(y[,j])
S[,j]<-exp(Y[,j])
}
```

Y;S

b. AR(1)

AR(1) は，$y_t = \mu + a(y_{t-1} - \mu) + \sigma \epsilon_t$, $|a| < 1$, ϵ_t i.i.d. $\sim N(0,1)$ なのでこの式により順次，収益率を作ってゆけばよい．この場合，初期値に問題がある．候補としては，直近の値とするか中立的な値である長期間平均値 μ を用いるかであろう．

1. 初期値 Y_0 を与える．
2. 標準正規分布の乱数 Z_1 を1つ生成．
3. $Y_1 = a(Y_0 - \mu) + \sigma Z_1$ は $t = 1$ 期目の対数収益率，$S_1 = S_0 \exp(Y_1)$ は株価．
4. $t = 2, 3, \cdots, n$ として1.と2.を繰り返す．n はシミュレーション期間である．
5. N 個のシナリオに対し，1.〜3.を繰り返す．N 個は必要な精度を得るために十分大きく設定する．

R による計算例 22（AR モデルのシミュレーション）

```
mu<-0.1;sigma<-0.2;a<-0.7
Y<-S<--matrix(rep(1,1100),100,11)
for (i in 1:100){
Y[i,1]<-mu    #初期値
S[i,1]<-exp(mu)    #初期値
for (j in 1:10){
Y[i,j+1]<-mu+a*(Y[i,j]-mu)+sigma*rnorm(1)
S[i,j+1]<-exp(Y[i,j+1])}
}
Y[,-1] #1 列目を除外
S[,-1] #同上
```

c. ARCH(1) と GARCH(1,1)

ARCH(1) は GARCH(1,1) の特殊な場合なので，GARCH(1,1) の場合を説明する．初期値をどうするかは AR(1) と同じであるが，ボラティリティの初期値も必要である．中立的な初期値としては，

$$Y_0 = \mu, \quad \sigma_0^2 = \frac{\alpha_0}{1-\alpha_0-\beta}$$

が考えられる．あとは GARCH 式を当てはめるだけである．

1. 初期値 Y_0 を与える．
2. 標準正規分布の乱数 Z_1 を 1 つ生成．
3. $Y_1 = \mu + \sigma_1 Z_1$ は $t=1$ 期目の対数収益率，$\sigma_1 = \alpha_0 + \alpha_1(Y_0-\mu) + \beta\sigma_0^2$ はボラティリティ，$S_1 = S_0 \exp(Y_1)$ は株価．
4. $t = 2, 3, \cdots, n$ として 1. と 2. を繰り返す．n はシミュレーション期間である．
5. N 個のシナリオに対し，1.~3. を繰り返す．N 個は必要な精度を得るために十分大きく設定する．

R による計算例 23（GARCH モデルのシミュレーション）

R のプログラム例は，以下のとおりである．1 列目は初期値を与えているので，最後は初期値ベクトルを除く処理をしている．

```
mu<-0.1;alpha0<-0.0001;alpha1<-0.08;beta<-0.9
Y<-sigma2<-S<-matrix(rep(1,1100),100,11)
for (i in 1:100){
Y[i,1]<-mu     #初期値
S[i,1]<-exp(mu)  #初期値
sigma2[1,1]<-alpha0/(1-alpha1-beta)
for (j in 1:10){
sigma2[i,j+1]<-alpha0+alpha1*(Y[i,j]-mu)^2+beta*sigma2[i,j]
Y[i,j+1]<-mu+a*(Y[i,j]-mu)+sqrt(sigma2[i,j+1])*rnorm(1)
S[i,j+1]<-exp(Y[i,j+1])}
}
Y[,-1] #1 列目を除外
S[,-1] #同上
```

d. RSLN2

Y_t の分布は，開始局面に依存する．これは観測不能であるが，直近の局面の確率は，$p(\rho_0|y_0, y_1, \cdots, \theta)$ で与えられる．中立的な初期値は，

$$P[\rho_0 = 1] = \pi_1 = \frac{p_{12}}{p_{12}+p_{21}} \tag{5.18}$$

である．RSLN2（2-regime switching lognormal，2局面転換対数正規モデル）のシミュレーションの手順は以下のとおりである．

1. 一様分布の乱数 $u \sim U(0,1)$ を発生させる．
2. $u < P[\rho_0 = 1]$ ならば $\rho_0 = 1$，そうでなければ $\rho_0 = 2$ とする．
3. 次に $z \sim N(0,1)$ を発生させる．
4. $Y_1 = \mu_{\rho_0} + \sigma_{\rho_0} z$ は $t=1$ の対数収益率．$S_1 = S_0 \exp(Y_1)$ は株価．
5. 新しい $u \sim U(0,1)$ を発生させる．
6. $u < P[\rho_1 = 1]$ ならば $\rho_0 = 1$，そうでなければ $\rho_1 = 2$ とする．
7. $t = 2, 3, \cdots, n$ として 1. と 2. を繰り返す．n はシミュレーション期間である．
8. N 個のシナリオに対し，1.～3. を繰り返す．N 個は必要な精度を得るために十分大きく設定する．

まず，$\mathrm{p}_{12}(1 \to 2)$，$\mathrm{p}_{21}(2 \to 1)$ の推移確率を指定し，100×10 の収益率 Y 行列，株価 S 行列，局面 K 行列を準備する．mu，sigma は局面ごとの収益率と標準偏差ベクトルである．一様乱数 u の値によって，状態 1 にいくか 2 にいくかが決まり，その後は一様乱数 u の値が p_{12} 未満ならば $1 \to 2$，p_{21} 未満ならば $2 \to 1$ のときに状態が変化する．結果は K，Y，S に格納される．

R による計算例 24（RSLN2 モデルのシミュレーション）

```
p12<-0.004;p21<-0.016
Y<-S<-K<-matrix(rep(1,1000),100,10)
mu<-c(0.2,-0.05);sigma<-c(0.1,0.3)
for (i in 1:100){
z<-rnorm(1)u<-runif(1)
if(u<0.2){rho<-1
}else {rho<-2}
Y[i,1]<-mu[rho]+sigma[rho]*z
S[i,1]<-exp(Y[i,1])
K[i,1]<-rho
for (j in 2:10){
u<-runif(1)
if(rho<2&u>p12){rho<-1
} else {rho<-2}
if(rho>1&u>p21){rho<-2
```

```
}else {rho<-1}
K[i,j]<-rho
z<-rnorm(1)
Y[i,j]<-mu[rho]+sigma[rho]*z
S[i,j]<-exp(Y[i,j])}
}
K
     [,1] [,2] [,3] [,4] [,5] [,6] [,7] [,8] [,9] [,10]
[1,]   1    1    1    1    1    1    1    1    1
[2,]   1    1    1    1    1    1    1    1    1
[3,]   2    2    1    1    1    1    1    1    1
------------------------(以下省略)------------------------
Y
      [,1]   [,2]   [,3]   [,4]   [,5]   [,6]   [,7]    [,8]    [,9]   [,10]
[1,]-0.129 -0.256 -0.016 -0.363 -0.087 -2e-01 -0.056 -0.465 -4e-01 -0.006
[2,] 0.082 -0.034  0.236  0.154  0.230  2e-01 -0.361  0.225 -9e-04  0.187
[3,] 0.136  0.231  0.213  0.130  0.166  3e-02  0.182  0.181  2e-01  0.111
------------------------(以下省略)------------------------
```

5.3 金利変動モデル

　金融工学では，金利や債券デリバティブの評価のために数多くの金利モデルが開発されてきた．しかし，それらのモデルは短期（1日〜1年）の金利商品の価格評価に適したものであり，アクチュアリーが必要とする長期の商品の評価には必ずしも向いていない．短期の金利デリバティブに関しては，原資産である金利市場が活発に取引されており，ヘッジが容易であり，無裁定理論にもとづく価格付け理論がおおむね適用可能である．しかし，長期の保険商品に内在する金利オプションは，主に金利保証に関するものであるが，原資産である超長期の債券市場がほとんど存在しない場合が多い．そこで，金利変動モデルとしては，必ずしも無裁定理論にもとづかない時系列モデルが使われることが多い．しかし，金利の動きを模倣する時系列モデルの作成は，見た目ほど簡単でないことは以下の事例を見るとよくわかる．

R による計算例 25（金利モデル）

　ここで，金融時系列のモデル例として将来30年間の金利シナリオ20本をグ

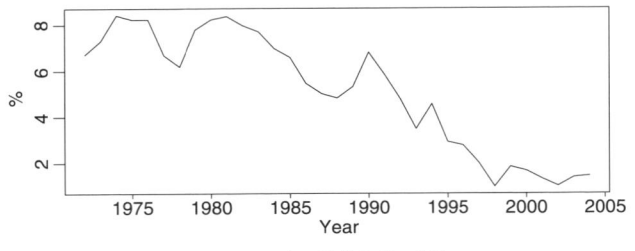

図 5.4 日本の長期金利の推移

ラフに描く R コードを書いてみよう．1972〜2004 年の日本の 10 年国債の応募者利回りの年次データにもとづき，まず簡単な長期金利モデルを作成してみる．

データは図 5.4 のとおりである．1980 年代初頭には 8% あった金利が低下の一途を辿り，1998 年には 1% を割り込み，その後も 1〜2% で低迷している．

まず平均回帰性という特徴を入れたいので最も簡単な AR(1) モデルをベースとして考えてみる．

$$r_{t+1} = \phi r_t + \sigma_r \epsilon_t \tag{5.19}$$

```
JGB<-read.table("kokusaikinri.txt")
kinri<-ts(JGB,start=c(1972))
ar(kinri)
# answer
Call:
ar(x = kinri)
Coefficients:
0.9106
Order selected 1  sigma^2 estimated as  1.182

R<-matrix(rnorm(30*20),30,20)
E<-matrix(rep(1,30*30),30,30)
E[upper.tri(E)]<-0
KS1<-1.3626+1.0872*E%*%R
KS<-rbind(rep(1.5,20),KS1)
plot(ts(KS),plot.type="single")
```

このモデルは負の金利シナリオが出力されるので使い物にならないことがすぐにわかる．「それでは」ということで，金利の対数値をとったものを AR(1)

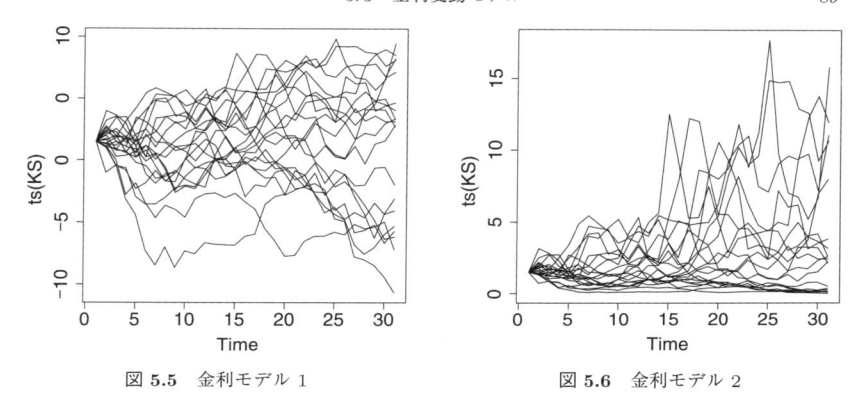

図 5.5 金利モデル 1   図 5.6 金利モデル 2

モデルにしてみよう．こうすれば負の金利はなくなるはずである．モデルを以下のように変えてみる．

$$\log r_{t+1} = \phi \log r_t + \sigma_r \epsilon_t \tag{5.20}$$

```
ar(log(kinri))
Call:
ar(x = log(kinri))
Coefficients:
      1
0.8939
Order selected 1   sigma^2 estimated as   0.1019
```

そこでパラメータ $\phi = 0.8939$, $\sigma^2 = 0.1019$ となったので初期値 1.5% よりシミュレーションを開始する．結果は図 5.5, 5.6 のとおりである．今度は負の金利はなくなったが，逆に異常な高金利となるシナリオが結構たくさん出てくる．この例から，現実的な金利モデルを作ることはそれほど簡単ではないことがわかる．

5.3.1 金利の期間構造

生命保険アクチュアリーは，しばしば予定利率として固定した 1 つの利率を使用してきた．この理由は，計算の簡便性のみならず，契約の超長期性を考慮すると，契約期間に合わせた長期金利よりも，保守的な低い利率を設定してお

けば保険料や責任準備金の十分性は担保される，という暗黙の理解があったためであろう．また，保守的な評価を行っていても，有配当保険契約であれば契約者配当という事後的な精算の手段があり，契約者間の公平性は保持できると考えられていた．しかし，株主からは保険料の低廉化や生保会計に対する透明性の高い評価が要請されるようになり，金融市場と整合的な資産・負債の評価が求められるようになってきた．

ところで，実際の金利市場は貸借の契約期間（年限という）の長短によって水準が異なっており，これを金利の期間構造，あるいはイールドカーブという．このイールドカーブが日々，複雑に変動しているのが実際の金利市場である．金利の期間構造で最も基本となる商品は国債である．国債は国家の信用力を背景としているため，国内では最も安全性が高い金利商品とされ，同一の年限の商品と比較すると金利水準は最も低い．イールドカーブの変化によって国債の価格は日々動いているが，実際に観測されるのは価格そのものであり，イールドカーブは価格から計算しなければならない．t 年後に 1 を支払う最も信用力のある割引債の価格 $v(t)$ から計算された利回り y_t のことを，期間 t のスポットイールド (spot yield) と呼び，t の関数としての y_t をスポットイールドカーブと呼ぶ．すなわち，

$$v(t)(1+y_t) = 1 \Leftrightarrow v(t) = \frac{1}{(1+y_t)^t} \tag{5.21}$$

ところが，利付国債は定期的（例えば年 2 回）に利息を支払う利付債券が多く，半年ごとに $\frac{c}{2}$ の利息（クーポンという）を支払う期間 n 年の利付国債の価格は，

$$P = \sum_{t=1}^{2n} \left(\frac{c}{2}\right) v\left(\frac{t}{2}\right) + v(n) = \sum_{t=1}^{2n} \left(\frac{c}{2}\right) \frac{1}{(1+y_t)^{\frac{t}{2}}} + \frac{1}{(1+y_n)^n} \tag{5.22}$$

したがって，利付国債しか市場にないときには，残存期間の異なる価格からイールドカーブを推定するには非線形最適化などを使って推計しなければならない．なお，利付国債の場合に，国債価格に一致するような 1 本の y を求めることができるが，これを最終利回り (YTM: yield to maturity) と称する．さらに，$P = 1$ としたときの c をパーイールド (par-yield) といい，国債の発行時には価格が 1 となるように，金利情勢に合わせてクーポンレートを決めることが行

われる．

R による計算例 26（金利の期間構造の推計）

この推計に用いられるパッケージとして termstrc がある．このパッケージでは，イールドカーブを滑らかな関数で表現する方法として，よく利用される Nelson–Siegel 法によるパラメトリックなイールドカーブを推計する関数 nelson_estim が用意されている．Nelson–Siegel 法による年限 m のスポットイールド $s(m,\beta)$ は，

$$s(m,\beta) = \beta_0 + \beta_1 \frac{1-\exp(-\frac{m}{\tau_1})}{\frac{m}{\tau_1}} + \beta_2 \left(\frac{1-\exp(-\frac{m}{\tau_1})}{\frac{m}{\tau_1}} - \exp\left(-\frac{m}{\tau_1}\right) \right) \tag{5.23}$$

のように β_0, β_1, β_2, τ_1 の 4 つのパラメータによって表される（図 5.7）[*6]．

```
library(termstrc)
data(eurobonds)
group <- c("ITALY","GERMANY","AUSTRIA")
bonddata <- eurobonds
matrange <- c(2,12)
method <- "Nelson/Siegel"
fit <- "prices"
weights <- "duration"
control <- list(eval.max=100000, iter.max=500)
b <- matrix(rep(c(0,0,0, 1),3),nrow=3,byrow=TRUE)
rownames(b) <- group
colnames(b) <- c("beta0","beta1","beta2","tau1")
x <- nelson_estim(group, bonddata, matrange,
method, fit, weights, startparam=b,control)
print(x)
summary(x)
plot(x,errors="none")
##結果##
Parameters for Nelson/Siegel, Svensson estimation:
Method: Nelson/Siegel
Fitted: prices
Weights: duration
-------------------------------------------------
            ITALY      GERMANY     AUSTRIA
```

[*6] このパッケージでは，さらにパラメータが 2 つ増えた Svensson 法も計算可能である．

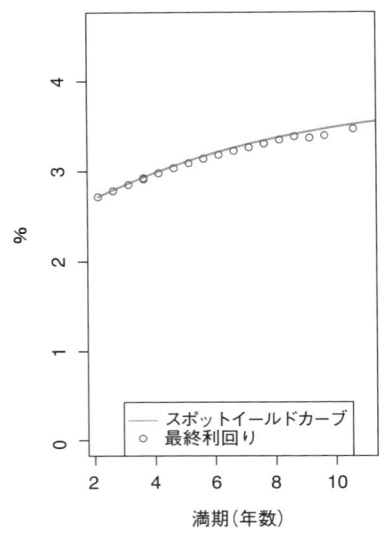

図 5.7　ドイツのスポットイールドカーブ

```
beta_0   0.04719217   0.04085296   0.04160035
beta_1  -0.02184514  -0.01711263  -0.01699453
beta_2  -0.01838947  -0.01004289  -0.01484496
tau_1    2.72207887   2.27377997   2.08291342
-----------------(以下省略)-----------------
```

これを図示するのは plot(x) だけでよい．推計されたイールドカーブと原データの比較と誤差評価のグラフが出力される．誤差評価が必要なければ，plot(x,errors=''none'') とすればよい．

スポットイールドが現在から将来 t 時点までの金利を指すのに対し，将来 t 時点から，さらに先の $t+k$ 時点までの金利 $f(t,t+k)$ を表すものが，フォワードレート (forward rate) と呼ばれるものである．スポットレート y_t や割引債価格 $v(t)$ と次の関係があることは，現在の 1 円が t 年後と $(t+k)$ 年後にいくらになるかを考えるとすぐにわかるであろう．

$$(1+f(t,t+k))^k = \frac{(1+y_{t+k})^{t+k}}{(1+y_t)^t} = \frac{v(t)}{v(t+k)} \quad (5.24)$$

5.3.2 さまざまな金利モデルの研究

金利変動については，多くの研究者によって認められているいくつかの特徴がある．

- 長短金利変動：短期金利の変動は長期金利の変動よりも大きい．
- 平均回帰性：金利は変動しながら，ある長期的な水準の回りを循環しているように見える．
- 変動の要因：イールドカーブの変動は非常に複雑ではあるが，90％以上の変動が3つの要因（平行移動，傾き，曲率）で説明できる．
- 変動率：金利の変動率（ボラティリティ）は短期金利の水準に関連している．

いままで，これらの特徴を兼ね備えた数え切れないほどの金利モデルが開発されてきている．金利のイールドカーブのモデルとしては，いわゆる統計モデルと確率過程を利用したモデルがある．

統計モデルでよく利用されるモデルは，主成分分析を用いるものである[*7]．これは，代表的な年限の金利の時系列データに主成分分析を適用して主成分因子を抜き出し，その主成分因子の時系列モデルを作成してシミュレーションし，そこからイールドカーブを再現しようとする方法である．直感的には非常にわかりやすく，よく使われている方法であるが，無裁定理論とは相容れない．まず代表金利（キーレート，key rates）のスポットレートの金利差をとる．

$$\Delta r_i(\tau) = r_{t_i}(\tau+1) - r_{t_i}(\tau) \tag{5.25}$$

この $\Delta r_{t_i}(\tau)$ について主成分分析を行う．

次に主要因子を抜き出し，ファクタースコアの標準偏差を計算する．すると r_{t_i} は，適当な補間を行うことにより，必要なだけ細かい期間で主成分の線形結合の式で表すことが可能である．ここで主成分は規格化しておき，それぞれが相関のない標準正規分布に従うものとする．$[0, T]$ を細分した期間を t_i で表すと，以下のように表現できることになる．ただし，このままでは，金利が負になったり，大きくなりすぎる可能性があり，何らかの制約をおく必要があるかもしれない．

[*7] 因子分析を用いる方法もある．

$$\Delta r_{t_i} = \sum_{k=1}^{p} a_{t_i,k} PC_k \tag{5.26}$$

R による計算例 27（金利変動の主成分分析）

実際に，R での分析例を見ることにしよう．R には最尤法による主成分分析の関数 prcomp(x) がある．引数の x はデータセット（行列で与える）で基本的にはこれだけで結果を返す．結果の主なものは，主成分ベクトルと係数行列，標準偏差，累積寄与率などである．

金利データは日本国債の 1999 年 1 月～2008 年 8 月の 475 週分の，年限 3 か月，6 か月，1～10 年，15 年，20 年，30 年の国債ゼロイールドのデータをとり，上のような操作で月次の金利変動データに変換後，主成分分析 prcomp にかけることにした（図 5.8）．

```
dat<-read.table("zeroyield.txt",header=T) 金利期間構造のデータ#
dat1<-dat1[-1,]-dat1[-length(dat1[,1]),] #差分をとる
ans<-prcomp(dat2) #主成分分析
summary(ans)    # 結果の要約
Importance of components:
                        PC1    PC2    PC3    PC4    PC5
Standard deviation     0.202 0.0857 0.0405 0.0314 0.0267
Proportion of Variance 0.766 0.1372 0.0307 0.0184 0.0133
Cumulative Proportion  0.766 0.9028 0.9335 0.9520 0.9653
#  結果
Rotation:
          PC1          PC2          PC3          PC4          PC5
X3m   0.01361648  -0.045168304  -0.29473910   0.38431044  -0.578142452
X6m   0.02069143  -0.038418312  -0.22876128   0.29254609  -0.385464528
X1y   0.04357353  -0.148086637  -0.33277930   0.29266473  -0.001554414
X10y  0.32160275   0.084070804   0.20754336   0.30095076   0.084524617
X15y  0.30497871   0.262547003   0.01306282   0.30400662   0.284073586
X20y  0.29474997   0.392590981  -0.15625789   0.28373509   0.264861346
X30y  0.28745603   0.603177240  -0.35773587  -0.53148359  -0.277113485
```

この結果から，金利変動は 3 つの要因で説明できるという過去の実証分析と整合的である．それぞれの寄与率を見ると，第 1 から第 3 までの主成分がそれぞれ約 77%，14%，3% の説明力がある．また主成分と年限の関係からいろいろな事実が読み取れる（図 5.8，5.9，5.10）．まず，第 1 主成分は中長期ゾーン

5.3 金利変動モデル

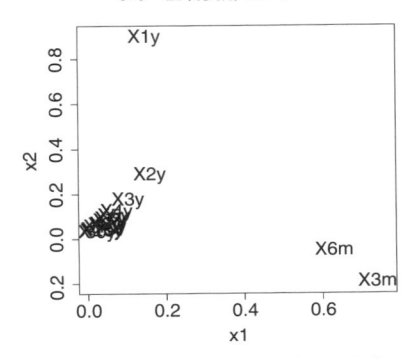

図 5.8 第 1 主成分，第 2 主成分の関連

図 5.9 第 1 主成分，第 3 主成分の関連

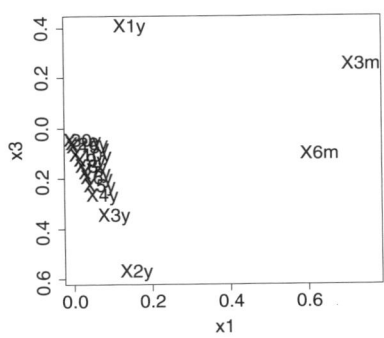

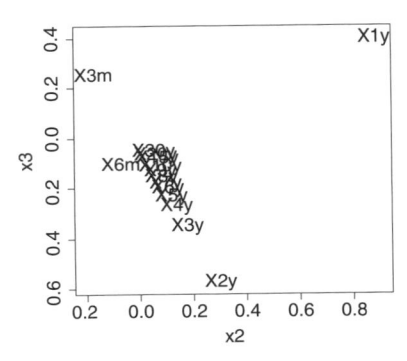

図 5.10 第 2 主成分，第 3 主成分の関連

が 0.3 程度と大きく，中長期金利の平行移動の動きを説明する要因と解釈できる．第 2 主成分は，長期ではプラスだが短中期ではマイナスなので傾きを表しており，第 3 主成分は中期がプラス，短長期がマイナスなので曲率変化を説明していることがわかる．また，それぞれの主成分間の相関の様子も図から読み取ることができよう．

確率過程を利用したモデルの代表は，いわゆる均衡モデルといわれる以下の形の短期金利過程である．このモデルは無裁定条件を仮定して作成された金融工学的なモデルである．

$$dr_t = \kappa(\theta - r_t) + \sigma r_t^\gamma dB_t \tag{5.27}$$

$\gamma = 0$ のときは Vasicek(1977) モデル, $\gamma = 0.5$ のときは Cox, Ingersoll and Ross(1985), 略して CIR モデルとして有名である. この短期金利モデルは, 金利の確率微分方程式であるが, 将来の金利の変化を表しており, この金利で割り引くことにより債券価格を導出することができる. すなわち時点 t から将来時点 T までの割引債券の価格 $P(t,T)$ は,

$$P(t,T) = E\left[\exp\left(-\int_{s=0}^{T} r_s ds\right)\right] \quad (5.28)$$

均衡モデルの利点の1つは, 解析的な解が得られることである. 特に, Vasicek や CIR のような場合には,

$$P(t,T) = A(t,T)\exp(-Br_t(t,T)] \quad (5.29)$$

のような形の解析解が得られている. しかし, 均衡モデルの欠点としてあげられるのは, たとえパラメータを吟味して選んだとしても現在のイールドカーブと必ずしも整合的にはならないことである. Ho and Lee(1986) は, 現時点のイールドカーブに合致する金利モデルを開発した. 彼らのモデルは離散型であったが, 連続バージョンは以下の形をしている.

$$dr_t = \theta(t)dt + \sigma dB_t \quad (5.30)$$

このドリフト項の $\theta(t)$ は, 将来の金利変化に対する現在の市場の期待を織り込んだインプライドフォワードレートに関連する関数である. Hull and White(1990) のモデルは, 時間に依存するドリフト項と均衡モデルをとりいれ, 現在のイールドカーブとも整合的なモデルとなっている.

$$dr_t = \kappa(\theta(t) - r_t)dt + \sigma dB_t \quad (5.31)$$

Heath, Jarrow and Morton(1992) のモデル (HJM) は, 短期金利のモデルではなく, フォワードレートの期間構造そのものをモデル化した理論的には画期的なモデルである. フォワードレートの族 $f(t,T)$ の変動は HJM では,

$$df(t,T) = \mu(t,T,f(t,T))dt + \sigma(t,T,f(t,T))dB_t \quad (5.32)$$

ここに, $f(t,T) = -\frac{\partial \ln P(t,T)}{\partial T}$

無裁定モデルは理論的には美しいが実務的には問題を含んでいる. 主要な論点をあげると,

- 無裁定モデルは, 特に金利デリバティブの価格付けには適している. なぜなら原資産の価格情報をとりいれることができるモデルだからである. しかし, 残念ながらその適用範囲は比較的短い時間軸である.
- 多くの無裁定モデルは, フォワードレートが重要な役割を果たすが, 実際のフォワードレートの動きは特に長期ゾーンでは理論どおりではない. そのため長期の生命保険や年金の価格付けには向かない.
- 無裁定金利モデルのシミュレーションによれば, 将来の短期金利の期待値はインプライドフォワードレートとなるが実際にそうなることはない.
- 金利データの収集においても長期ゾーンの流動性には疑問があり, 信頼できる十分な量のデータが得られない場合が多い,

など均衡モデルの方が優れている点もある. さらに単一要因のモデルでは実際の金利変動を説明できない点は大きな問題となる. ALM などの用途で金利モデルを利用するときには, 金利の平行移動だけでなく傾きや曲率などの動きも表現できなければならない. このためにはできれば3つ, 少なくとも2つの要因をもつモデルが望ましい. Hull and White(1994) のモデルは, 単一要因モデルを2要因に拡張した次のようなモデルである.

$$dr_t = \kappa(\theta(t) + u_t - ar_t)dt + \sigma_1 dB_{1,t} \tag{5.33}$$
$$du_t = -bu_t + \sigma_2 dB_{2,t}$$

このモデルでは単一要因と同様に, r_t は u_t に平均回帰するのであるが, u_t 自身が確率的である点が異なる. u_t は満期のない債券(永久債, consol)の金利の変動と解釈することができる. 結論的に言えば, アクチュアリーが実務上, シミュレーションに用いるためには, 1) 過去のイールドカーブの特徴を備えており, 2) 将来時点のいつでも現実的なイールドカーブが生成され, 3) 過度に複雑なメカニズムではない金利モデルが必要とされるのである.

5.4 経済シナリオ生成器 (ESG)

　金融市場における最近，確率論的シミュレーションは，米国の生命保険会社で商品収益性分析やキャッシュフローテスト，資産負債分析 (ALM) のツールとしての利用から，主に欧州において保険会社を中心に，市場整合的な負債評価や経済資本の計算ツールとして，ますます洗練したモデルが利用されるようになってきており発展を続けている．このような包括的な金融市場の収益率のシナリオを生成する発生装置は経済シナリオ生成器 (EGS) と呼ばれている．初期の金融市場モデルは Ibbotson and Sinquefield(1976) がインフレ率と短期金利，株式収益率の長期的な関係をモデル化し，Wilkie(1986；1995) でいわゆる滝構造 (cascade，カスケード) モデルにより各種資産収益率の相互関係をモデル化し，Hibbert, Mowbray and Turnbull(2001) は，Wilkie モデルをより現代的な手法を使ったモデルに改良した．これらの基礎には，ベクトル自己回帰 (VAR：vector autoregressive) モデルが基本となるため，VAR モデルについて少し触れた後にアクチュアリアルな金融市場モデルについて説明する．

5.4.1　金融市場モデル
a. VAR モデル

　金融変数は，互いに複雑な相関構造を保ちつつ変動していると考えられるため，一変量の金融変数の時系列モデルだけでは金融市場の全体的な変動を整合的に表現することができない．そこで複数の時系列を同時に扱う多変量の時系列モデルを考えることが必要となる．それらの中で，最も広く利用されているのがベクトル自己回帰 (VAR) モデルである．多変量時系列のデータを $Y_1, Y_2, \cdots, Y_n$ (Y_i は K 次元ベクトル) とするとき，VAR(p) モデルは

$$Y_t = A_1 Y_{t-1} + A_2 Y_{t-2} + \cdots + A_p Y_{t-p} + E_t \quad (5.34)$$

と定義される．ここで，$A_i, i = 1, 2, \cdots, p$ は $K \times K$ 行列で E_t は残差ベクトルである．この多変量時系列が，定常であるための条件は 1 次元の AR(p) と同様に，

$$\det(I_K - A_1 z + A_2 z^2 + \cdots + A_p z^p) \neq 0 \tag{5.35}$$

である.

R による計算例 28 (VAR)

VAR のモデルを作成するには，パッケージ vars の中にある関数 var を使う．データとして，1970 年 1 月〜2005 年 12 月の日本の株式収益率と長短金利の 3 系列を使ったラグ 1 の VAR モデルを作ってみる．まず，plot で 3 変数の関係を見ると，長短金利は強い相関があるが株式とはほとんど相関はないことがわかる．実際，関数 cor で計算してみると，株式と短期金利の相関とは 0.0029, 長期金利との相関は 0.02445 である．VAR モデルでは，株価はわずかながら前期収益率のトレンドを追随し長短金利とは符号が反対の影響を受けている．長短金利は互いに影響を及ぼしあっている (図 5.11)．最後に，VARselect の関数で最適なラグを探すと，AIC(Akaike), HQ(Hannan–Quinn)[8], SC(Schwartz), FPE[9]の情報量規準による最適なラグ数を選択する．AIC, FPE では 4, HQ, SC では 2 を選択している．モデル選択のためには，ほかにも ARMA モデル

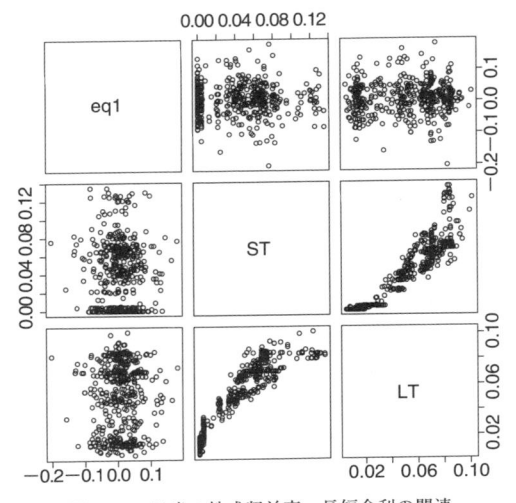

図 5.11 日米の株式収益率，長短金利の関連

---

[8] 対数尤度 l, パラメータ数 k, 標本数 n としたとき，$l - k \log \log(n)$ で表される情報量規準.
[9] $V \left(\frac{1+k/n}{1-k/n} \right)$. ($V$ は損失関数と呼ばれる誤差の 2 乗和の平均) で表される情報量規準.

と同様に，augmented(拡張)Dickey–Fuller (ADF) 検定[*10]をはじめとするさまざまな検定のための関数が用意されているので，詳細は vars のマニュアルや巻末の文献を参照されたい．

```
library(vars)
eq<-read.table("USJapanequity.txt",header=T)
int<-read.table("interestjapan.txt",header=T)
eq1<-eq[217:648,3]    ##日本の株式収益率（1970.1-2005.12）の抽出##
int1<-int[1:432,c(3,4)] ##日本の長短金利（1970.1-2005.12）の抽出##
data<-cbind(eq1,int1)
plot(data,nc=2)
cor(data)
            eq1         ST          LT
eq1 1.000000000 0.002954762 0.02445731
ST  0.002954762 1.000000000 0.90966455
LT  0.024457307 0.909664549 1.00000000


pict1<-VAR(data,p=1,type="both")
pict1

VAR Estimation Results:
=======================
Estimated coefficients for equation eq1:
========================================
Call:
eq1 = eq1.l1 + ST.l1 + LT.l1 + const + trend
      eq1.l1          ST.l1          LT.l1             const           trend
 6.306151e-02 -1.775042e-01 -9.243967e-02  3.920420e-02 -8.812847e-05

Estimated coefficients for equation ST:
========================================
Call:
ST = eq1.l1 + ST.l1 + LT.l1 + const + trend
        eq1.l1         ST.l1          LT.l1           const           trend
-4.252284e-03  9.654430e-01  4.745682e-02 -1.230541e-03  5.025613e-07
Estimated coefficients for equation LT:
========================================
Call:
LT = eq1.l1 + ST.l1 + LT.l1 + const + trend
```

[*10] 時系列の定常性を判定する単位根検定で誤差がホワイトノイズの場合が DF 検定で，それを系列相関のある場合にも拡張したのが ADF 検定．

```
         eq1.11          ST.11           LT.11          const            trend
   4.636510e-03    1.030247e-02    9.597724e-01   2.722980e-03    -5.633786e-06

VARselect(data,lag.max=8,type="both")
$selection
AIC(n)   HQ(n)   SC(n)  FPE(n)
     4       2       2       4
$criteria
                    1               2               3               4
AIC(n)  -2.917375e+01   -2.933091e+01   -2.932502e+01   -2.935343e+01
HQ(n)   -2.911715e+01   -2.924034e+01   -2.920049e+01   -2.919494e+01
SC(n)   -2.903048e+01   -2.910168e+01   -2.900983e+01   -2.895228e+01
FPE(n)   2.137972e-13    1.827060e-13    1.837899e-13    1.786475e-13
                    5               6               7               8
AIC(n)  -2.935333e+01   -2.933285e+01   -2.933638e+01   -2.930804e+01
HQ(n)   -2.916088e+01   -2.910643e+01   -2.907599e+01   -2.901369e+01
SC(n)   -2.886622e+01   -2.875978e+01   -2.867734e+01   -2.856304e+01
FPE(n)   1.786757e-13    1.823876e-13    1.817661e-13    1.870173e-13
```

b. IS モデル，Wilkie モデル，HMT モデル

現在も年金 ALM などでよく使われる最も簡明なモデルがビルディングブロックと呼ばれる手法である．

この方法の嚆矢は，米国のファイナンス学者の Ibbotson と Sinquefield の著した有名な論文 "Stock, bonds, bills and inflation: Simulation of the future (1976–2000)" (Ibbotson and Sinquefield, 1976) で，資産リターンをビルディングブロックによる階層化の手法で表現し，実務界でもよく利用されるようになった[*11]．

基準となるリターンは短期金利 (bills) であり，これをまず，インフレ率と実質金利と調整項に分解する．さらに，長期国債 (bonds) リターンを短期金利と期間プレミアム (horizon premium)，株式 (stocks) リターンを短期金利と株式リスクプレミアム (equity risk premium)，社債リターンを長期国債リターンと信用リスクプレミアム (default premium) に分解し，それぞれを 1926 年からの月次時系列データによって推計した．また要因間の相関も考慮する．まず，

[*11] その後，Roger Ibbotson は，Ibbotson Associates という運用コンサルティング会社を創設し，同社ではデータベースの拡大，更新を続けるとともに，ソフトウェア開発や資産運用アドバイスを行っている．

実質金利とインフレ率は VAR(1) モデルとし，名目金利の期間構造との関係を保つために調整項を加える．それ以外のリスクプレミアムはランダムウォークと考えるが，要因間の相関を考慮する．

アクチュアリーの文献では，金融資本市場のさまざまな収益率をモデル化した初期の試みとして Wilkie モデルが有名である．Wilkie(1986) は，インフレ率を基礎となる独立の金融変数として導入し，それが AR(1) に従うことを出発点とし，その他の株式配当，配当利回り，利子率はインフレ率と連動して変動する滝構造モデルを提案した．その後，Wilkie(1995) では，データを更新するとともに，金融変数を拡大した．インフレ率を基礎とする点は同じであるが株式配当，配当利回り，長短金利，不動産価格，賃金，為替レートなどを含む大規模なモデルになった．また，その付録に新しい時系列モデルとして，共和分 (cointegration)，VAR，ARCH モデルや予測についても紹介し，論じている．Wilkie モデルの欠点の1つは，インフレ率と長短金利の相互関係が経験値と不整合であることである．また，基本的には自己回帰モデルにもとづく株式収益率シナリオの確率分布は，経験分布に比べるとファットテール性や尖りが小さく当てはまりがよくない．

これを改善したのが，Hibbert, Mowbray and Turnbull(2001) であり，米国のアクチュアリー会 (SOA) で開発された SOA-CAS モデルの基礎として利用されることになった．

5.4.2 経済シナリオ生成器 (ESG)

a. 北米の ESG

最近，北米で開発された ESG のモデルとして著名なものは，変額年金に関連して長期の株式収益率モデルとしてカナダで推奨された RSLN2 モデルと SOA-CAS の共同開発モデル，AAA の変額年金に対する C3 リスク計量化のフェイズ 2 のモデルがある．以下，それらについて簡単に解説する．

米国のアクチュアリー会 (SOA) と損保アクチュアリー会 (CAS) は 2001 年から金融市場モデルの共同開発を始め，2004 年に「金利シナリオと連動する経済シナリオモデリング」(Ahlgrim, D'Arcy and Gorrett, 2004) という報告書を公表した．

5.4 経済シナリオ生成器 (ESG)

それに前後して 2003 年には，変額年金規制のための確率論的シミュレーションのツールとして，米国アクチュアリー学会 (AAA) も C3 リスクのフェイズ 2 モデルの開発に乗り出しシナリオの公開を行っている．

SOA-CAS モデルは Hibbert, Mowbray and Turnbull(2001) のアイデアにもとづいたもので，実質金利シナリオとインフレ率を基礎となる系列として，それに整合的な名目金利，株価，不動産価格，失業率など派生する系列を含むモデルである．一方，AAA モデルは各年限別の名目金利シナリオとさまざまなカテゴリー株価指数について細かい系列を提供している．以下，それぞれのモデルの概要について説明する．

(i) SOA-CAS モデル

1. 金利モデル　　SOA-CAS モデルの金利モデルは Hibbert, Mowbray and Turnbull(2001) に従い基礎系列をインフレ率と実質金利と考える．インフレ率 q_t は連続バージョンでは，いわゆる Ornstein–Uhlenbeck (OU) 過程に従うものと仮定する．

$$dq_t = \kappa(\mu_q - q_t)dt + \sigma_q dB_t \tag{5.36}$$

実際には，これを離散化した以下のモデルを利用する．

$$\Delta q = q_{t+1} - q_t = \kappa_q(\mu_q - q_t)\Delta t + \epsilon_q \sigma_q \sqrt{\Delta t}$$
$$q_{t+1} = q_t + \kappa_q(\mu_q - q_t)\Delta t + \epsilon_q \sigma_q \sqrt{\Delta t}$$
$$= \kappa_q \Delta t \mu_q + (1 - \kappa_q \Delta t)q_t + \epsilon_q \sigma_q \sqrt{\Delta t}$$

回帰分析の結果より，$\kappa_q = 0.4$, $\mu_q = 4.8\%$, $\sigma_q = 0.04$ が得られる．一方，実質金利モデルは連続型で書くと長期 l・短期 r の 2 因子 Vasicek モデルであるが，実際には，これを離散化したモデルを利用する．

$$dr_t = \kappa_r(l_t - r_t)dt + \sigma_r dB_r$$
$$dl_t = \kappa_l(\mu_r - l_t)dt + \sigma_l dB_l$$

単純な回帰分析は r_t と l_t に相関があるため使えないので，以下のように 2 段階最小二乗法で推定する．

$$l_{t+1} = \beta_1 + \beta_2 l_t + \epsilon'_{2t} \tag{5.37}$$

表 5.1 データから推計されたパラメータ

κ_r	μ_r	σ_r	κ_l	σ_l
6.1	2.8%	10.0%	5.1	10.0%

表 5.2 修正後のベースラインのパラメータ

κ_r	μ_r	σ_r	κ_l	σ_l
1.0	2.8%	1.00%	0.1	1.65%

表 5.3 SOA-CAS の株式モデルのパラメータ

	大型株 (%)		小型株 (%)	
	安定期	変動期	安定期	変動期
平均	0.8	1.1	1.0	0.3
標準偏差	3.9	11.3	5.2	16.6
推移確率	1.1	5.9	2.4	10.0

$$\Delta r_{t+1} = \alpha_1(\hat{l}_t - r_t) + \epsilon'_{1t}$$

1982〜2001年の米国長短金利のデータより得られたパラメータは，表5.1のとおりであった．

フィッシャーの理論によれば 1 ＋ 名目金利 ＝ (1 ＋ 実質金利)(1 ＋ 期待インフレ率) であるから，上のインフレ率と実質金利から名目金利が求められるはずであるが，過去のデータから単純に較正すると負の名目金利を発生させることがわかった．したがって，長短実質金利とインフレ率に下限制約をつけ大きな負の値をとらないようにし，また長短名目金利も正となるようにインフレ率を修正する（表5.2）．

2. 株式モデル　SOA-CASモデルでは，カナダの変額年金と同じくRSLN2モデルを利用するが，それは短期金利を超える超過収益率に適用するところが異なる．すなわち，株式収益率 (s_t) ＝ 名目短期金利 (r_t) ＋ 超過収益率 $(+x_t)$ と考え，x_t をモデル化する．SOA-CASでは大型株と小型株のそれぞれのモデルを開発した．得られたパラメータは表5.3のとおりである．

(ii) AAA モデル

1. 金利の期間構造モデル　C3プロジェクトの金利生成モデルは，時間に依存する3変数と定数からなる．

1) ϕ_t：時刻 t の長期金利の自然対数
2) ψ_t：時刻 t の年次の長短スプレッド
3) θ_t：長期金利の月次の分散の自然対数
4) ξ　：長短スプレッドの月次の分散の自然対数

ϕ_t, ψ_t, θ_t の3変数は平均回帰過程に従い，ξ は定数と仮定する．

まず，θ_t, ξ は以下のように与える．ただし，$\epsilon_t^{\theta(,\epsilon_t^\phi,\epsilon_t^\psi)}$ は，互いに独立な標準正規分布である．

$$\theta_{t+1} = \theta_t - 2.40 - 0.347\theta_t + 0.59\epsilon_t^\theta \tag{5.38}$$

$$\xi = \ln((0.0038091)^2)$$

ここで，0.381% は 1951～1995 年の平均月次標準偏差．また，θ_t と ξ の相関は 16% とする．

次に，ϕ_t, ψ_t は，以下の式で与えるが，θ_t, ξ の項は各 t に関して直前の年始の値を与えるものとする（表 5.4）．

$$\begin{aligned}\phi_{t+\frac{1}{12}} &= \phi_t - 0.0048(\phi(t) - \ln(0.0655)) - 0.347\theta_t \\ &\quad + 0.210(\psi_t + 0.0105) + e^{\frac{\theta_t}{2}}\epsilon_t^\phi\end{aligned} \tag{5.39}$$

$$\begin{aligned}\psi_{t+\frac{1}{12}} &= \psi_t - 0.042(\psi - 0.0105) \\ &\quad + 0.00024(\phi - \ln(0.0655))e^{\frac{\xi}{2}}(0.16\epsilon^\phi + \sqrt{1-0.162^2}\epsilon^\psi)\end{aligned}$$

2. 株式 SLV モデル　　C3 プロジェクトの株式収益率生成モデルは，年次ボラティリティの自然対数は強い平均回帰性をもつ OU 過程，年次収益率はボラティリティの2次関数であり，さまざまな制約条件をもつ以下のような構造となっている．

$$\tilde{\nu}(t) = \mathrm{Min}[\nu^+, (1-\phi)\times \nu(t) + \phi \times \ln(\tau)] + \sigma_\nu \epsilon_t^\nu$$

表 5.4　AAA 株式モデルのパラメータ

パラメータ	説明	米国株式	国際株式	小型株式	総合株式
τ	長期ボラティリティ	0.12515	0.14506	0.16341	0.20201
ϕ	平均回帰力	0.35229	0.41676	0.3632	0.35277
ν_σ	対数ボラティリティの標準偏差	0.32645	0.32634	0.35789	0.34302
ρ	ϵ_t^ν, ϵ_t^ν の相関	-0.2488	-0.1572	-0.2756	-0.2843
A	定数項	0.055	0.055	0.055	0.055
B	$\mu(t)$ の 1 次項	0.56	0.466	0.67	0.715
C	$\mu(t)$ の 2 次項	-0.9	-0.9	-0.95	-1
$\sigma(0)$	σ の初期値	0.1476	0.1688	0.2049 6	0.249
σ^-	ボラティリティの下限	0.0305	0.0354 2	0.0403	0.049
σ^+	ボラティリティの上限	0.3	0.3	0.4	0.55
σ^*	ボラティリティの絶対上限	0.7988	0.4519	0.9463	1.1387

$$\nu(t) = \text{Max}\{\nu^-, \text{Min}[\nu^*, \tilde{\nu}(t)]\}$$
$$\mu(t) = A + B \times \sigma(t) + C \times \sigma(t)^2$$
$$\frac{S(t+1)}{S(t)} = \frac{\mu(t)}{12} + \frac{\sigma(t)}{\sqrt{12}} \times \epsilon_t^s$$

$S(t)$ ：t 月の株価指数の水準
$\nu(t)$ ：t 月の年次ボラティリティの自然対数
$\sigma(t) = \exp(\nu(t))$ ：t 月の年次ボラティリティ
$\mu(t)$ ：年次株式対数収益率
$\nu^-(t) = \ln(\sigma^-)$ ：対数ボラティリティの下限
$\nu^+(t) = \ln(\sigma^+)$ ：対数ボラティリティの上限
$\nu^*(t) = \ln(\sigma^*)$ ：対数ボラティリティの絶対値の上限

変動項 ϵ_t^ν, ϵ_t^s は標準正規分布で互いに相関している．AAA は，米国株式，国際株式，小型株式，総合株式の 4 つの指数についてパラメータを提供している．

b. 欧州の ESG

EU のソルベンシー II 規制では「内部モデル」の利用を広範に認めることになっているが，すでに欧州の大規模保険会社においては，潜在価値会計や経済資本の計算に市場整合的な評価を行うことが一般的になってきており，内在オプションを含めた評価を実施するためには確率論的な経済シナリオが必須となってきた．そのため，会社内部での開発のほか，専門の外部ベンダーも登場し，さまざまなモデルが利用されるようになっている．CEIOPS(2009) によれば，その対象となるのは無リスク金利，社債の信用スプレッド，株価，不動産価格，インフレ率，住宅ローン金利などが含まれる．ESG は，ヒストリカル（リアルワールド）なシナリオと市場整合的（リスク中立）なシナリオのモデルが使われている．

金利モデルは Black–Karasinski や CIR ないし Hull–White の 1 要因または 2 要因モデルがよく使われている．負の金利などの考えられないシナリオの発生には，反射壁や吸収壁のあるモデルや上限値を設けることもある．ある例では，6 つの経済状態に対応する 6 つの無裁定条件を満たすイールドカーブを生成し，市場価格の計算に使用している．また，多くの生保会社では，複製ポートフォリオの作成に ESG を利用している．

信用リスクモデルは，銀行と同様にデフォルト率 (PD：probability of default), デフォルト時の損失 (LGD：loss given default), デフォルト時の曝露 (exposure at default) とそれらの相乗効果（相互依存性）を考慮して作成されている.

PD については, 各社各様であり, 格付機関のデータを利用したり, 自社経験データや外部データを利用している. 相乗効果のモデルも各社各様であり, 外部ベンダーのソフトウェアを使う場合も多いようである.

デフォルトと格付移動のリスクについては, 例えば Jarrow–Lando–Turnbull モデルなどに ESG を適用することにより計量化する例もある.

6 発生率の統計学

アクチュアリーは死亡や病気などの発生数や発生率などの統計を扱うことが多い．生命表や脱退残存表の作成は基本的なものであるが，統計データが少ない場合やさまざまなリスク要因で発生する事象について適切なモデルを作ることがますます重要になりつつある．この章では，医学や疫学，生物学で重要な一般化線形モデル，生存時間解析について簡単な解説を行う．

6.1　一般化線形モデル

6.1.1　モデルの概要

一般化線形モデル (generalized linear model : GLM) は，線形回帰分析を拡張したモデルである．線形モデルは，経験値の理論値からの残差が正規分布に従うという仮定にもとづいている．しかし現実のデータは，残差が正規分布に従うとは限らない．このような場合，非線形の現象については線形になるような変数変換を行うことで，線形モデルに直して問題を解決することもよく行われる．しかし，このような場当たり的な方法ではモデルに対し不自然な尺度で歪んだ解釈を行ってしまう危険性が伴う．

GLM は，正規分布を含んだ分布族 (family) にデータを対応させ，非線形の現象を線形モデルの場合と同じく簡単に扱え，かつ不自然な尺度で解釈しないように工夫したデータ解析方法である．また GLM では，被説明変数（反応変数，応答変数とも呼ぶ）がカテゴリカルな変数でもよい．

通常の線形モデルは次の式で表される．

$$y = \beta X + \epsilon, \quad E[Y] = \beta X \tag{6.1}$$

X は説明変数の行列である．GLM ではこれが

$$g(\mu) = \beta X, \quad \mu = E[Y] \tag{6.2}$$

に拡張されたモデルであり，被説明変数は正規分布に従わなくてもよいが，指数分布族 $f(y;\theta,\phi)$ に属していなければならない．μ は被説明変数の平均で g をリンク関数と呼ぶ．リンク関数は被説明変数の平均が線形モデルになるように変換する関数であり，f が選ばれると対応する自然な g（標準リンク関数）がある．以下，指数分布族について説明する．

6.1.2 指数型分布族

指数型分布族とは，以下のようなパラメータ θ，ϕ つきの密度関数をもつすべての確率変数 Y をいう．

$$f(y) = c(y,\phi)\exp\left\{\frac{y\theta - a(\theta)}{\phi}\right\} \tag{6.3}$$

よく使われる多くの分布が指数型分布族であり，離散型も連続型も含まれる．

関数 $a(\theta)$，$c(y,\phi)$ の具体的な形を決めることで密度関数が決まる．Y の平均・分散は，

$$E[Y] = a'(\theta), \quad V[Y] = \phi a''(\theta) \tag{6.4}$$

という著しい性質がある．これは計算により直接に示すことができる．密度関数を y で微分すると，

$$f'(y) = f(y)\left\{\frac{y-a(\theta)}{\phi}\right\}, \quad f''(y) = f(y)\left\{\frac{y-a(\theta)}{\phi}\right\}^2 - f(y)\frac{a''(\theta)}{\phi} \tag{6.5}$$

両辺を積分すると，

$$0 = \frac{E[Y] - a(\theta)}{\phi}, \quad 0 = \left\{\frac{E[(Y-a(\theta)^2]}{\phi}\right\} - \frac{a''(\theta)}{\phi} \tag{6.6}$$

左辺が 0 になるのは，

$$\int f'(y)fy = \frac{\partial}{\partial \theta}\int f(y)dy, \quad \int f''(y)dy = \frac{\partial^2}{\partial \theta^2}\int f(y)dy \tag{6.7}$$

と $\int f(y)dy = 1$ と積分と微分の交換から導かれる．

例として2項分布，ガンマ関数が指数分布族であることを確かめよう．まず指数型分布族では，

$$\log\{f(y)\} = \log\{c(y,\phi)\} + \frac{y\theta - a(\theta)}{\phi} \quad (6.8)$$

が成り立つことに注意する．

1) 2項分布 $y \sim B(n, \pi)$ なので，

$$\log(\pi^y(1-\pi)^{n-y}) = y\log\left(\frac{\pi}{1-\pi}\right) + n\log(1-\pi) = \frac{y\theta - a(\theta)}{\phi} \quad (6.9)$$

から，$\theta = \log(\frac{\pi}{1-\pi})$，$a(\theta) = n\log(1+e^\theta)$，$\phi = 1$ となり指数分布族である．

$$E(y) = a'(\theta) = \frac{ne^\theta}{1+e^\theta} = n\pi, \quad V(y) = \phi a''(\theta) = n\pi(1-\pi)$$

2) 正規分布

密度関数の対数をとると，

$$-\frac{1}{2}\log(2\pi\sigma^2) - \frac{(x-\mu)^2}{2\sigma^2} = -\frac{1}{2}\log(2\pi) - \frac{1}{2}\log(\sigma^2) - \frac{1}{2\sigma^2}x^2 + \frac{\mu}{\sigma^2}x - \frac{\mu^2}{2\sigma^2} \quad (6.10)$$

すると，$\theta = \mu$，$a(\theta) = \frac{1}{2}\theta^2$，$\phi = \sigma^2$ とおけば指数分布族であることがわかる．

他の分布も対数をとれば簡単に表6.1で示したような表現が得られる．その検証は読者に任せる．

経験値をモデルの密度関数に当てはめるには第3章で述べたようないくつかの方法がある．

表 6.1 指数型分布族の θ，$a(\theta)$，ϕ

分布	θ	$a(\theta)$	ϕ	$E(y)$	$V(\mu)$
$\text{Bin}(p,n)$	$\ln(\frac{p}{1-p})n$	$\ln(1+e^\theta)$	1	np	$np(1-p)$
$\text{Poi}(\lambda)$	$\ln\mu$	e^θ	1	μ	μ
$N(\mu, \sigma^2)$	μ	$\frac{1}{2}\theta^2$	σ^2	μ	1
$\Gamma(\mu, \nu)$	$-\frac{1}{\mu}$	$-\ln(-\theta)$	$\frac{1}{\nu}$	μ	μ^2
$\text{IG}(\mu, \sigma^2)$	$-\frac{1}{2\mu^2}$	$-\sqrt{-2\theta}$	σ^2	μ	μ^3
$\text{NB}(\mu, \kappa)$	$\ln\frac{n\mu}{1+n\mu}$	$-\frac{1}{\kappa}\ln(1-\kappa e^\theta)$	1	μ	$\mu(1+\kappa\mu)$

$\text{Bin}(p,n)$ は2項分布，$\text{Poi}(\lambda)$ はポアソン分布，$N(\mu, \sigma^2)$ は正規分布，$\Gamma(\mu, \nu)$ はガンマ分布，$\text{IG}(\mu, \sigma^2)$ は逆ガンマ分布，$\text{NB}(\mu, \kappa)$ は負の2項分布である．

1) モーメントマッチング法

指数型分布族では，標本平均，分散 $(\bar{y}, \hat{\sigma}^2)$ が推計によって得られれば，$a'(\theta) = \bar{y}, \phi, \ a''(\theta) = \hat{\sigma}^2$ により，(θ, ϕ) の推定値が得られる．

2) 最尤法

尤度関数は，

$$f(y; \theta, \phi) = \prod_i^n f(y_i; \theta, \phi) \tag{6.11}$$

なので，指数型分布族について対数尤度 $l(\phi, \theta)$ は，

$$\sum_i^n \left\{ \ln c(y_i, \phi) + \frac{y_i \theta - a(\theta)}{\phi} \right\} = \frac{n\{\bar{y}\theta - a(\theta)\}}{\phi} + \sum_i^n \ln c(y_i, \phi) \tag{6.12}$$

θ で微分すると，第1項=0 であり，$a'(\theta) = \bar{y}$ が導かれる．したがって，$\hat{\mu} = \bar{y}$ が成り立つ．

6.1.3 GLM による統計分析

GLM によって統計分析を進める手順は以下のとおりである．

1. 被説明変数のデータに合う指数型分布族の関数 $f(y)$ を選ぶ．これは $a(\theta)$ を選ぶことでもある．
2. リンク関数 $g(\mu)$ を選ぶ．「標準的」なリンク関数を選べば，計算は簡単になる．
3. $g(\mu)$ をよく表す説明変数 x を選ぶ．
4. 被説明変数と説明変数の標本 $(y_1, y_2, \cdots, y_n), \ (x_1, x_2, \cdots, x_n)$ をランダムに抽出する．
5. 未知のパラメータ β （場合によっては ϕ） を最尤法などにより推定する．
6. 推計結果が妥当かどうかをさまざまな統計的検定法により検証する．

標準的なリンク関数は，表 6.2 のとおりである．ロジットを除くと $g(\mu) = \mu^p$（対数も $p \to \infty$ の極限）の形になっていることに注意．次にデータが与えられたときに GLM のパラメータを最尤法で求める方法を示す．指数型分布族の最尤法の場合と同じように，対数尤度は，

$$l(\beta, \phi) = \sum_i^n \ln f(y_i, \beta, \phi) = \sum_i^n \left\{ \ln c(y_i, \phi) + \frac{y_i \theta_i - a(\theta)}{\phi} \right\} \tag{6.13}$$

表 6.2 リンク関数

リンク関数	$g(\mu)$	標準リンク関数
1	μ	正規分布
対数	$\ln \mu$	ポアソン分布
べき乗	μ^p	Γ 分布 ($p = -1$), 逆 Γ 分布 ($p = -2$)
平方根	$\sqrt{\mu}$	
ロジット	$\ln \frac{\mu}{1-\mu}$	2 項分布

であり,パラメータ β, ϕ を導出する.この式を β_i で微分して,

$$\frac{\partial l}{\partial \beta_i} = \sum_{j=1}^{n} \frac{\partial l}{\partial \theta_i} \frac{\partial \theta_i}{\partial \beta_j} \tag{6.14}$$

ここに,

$$\frac{\partial l}{\partial \theta_i} = \frac{y_i - a'(\theta_i)}{\phi} = \frac{y_i - \mu_i}{\phi}, \quad \frac{\partial \theta_i}{\partial \beta_j} = \frac{\partial \theta_i}{\partial \eta_i} \frac{\partial \eta_i}{\partial \beta_j} = \frac{\partial \theta_i}{\partial \eta_i} x_{ij} \tag{6.15}$$

ここに,$\eta_i = x_i^T \beta$, x_{ij} は x_j の第 i 要素である.$\frac{\partial l}{\partial \beta_j} = 0$ とおいて対数尤度を最大にする条件を求める.

$$\sum_{i}^{n} \frac{\partial \theta_i}{\partial \eta_i} x_{ij}(y_i - \mu_i) = 0 \Leftrightarrow X^T D(y - \mu) = 0 \tag{6.16}$$

ここで,D は対角成分が $\frac{\partial \theta_i}{\partial \eta_i}$ となる対角行列である.また,

$$\left(\frac{\partial \theta_i}{\partial \eta_i}\right)^{-1} = \frac{\partial \eta_i}{\partial \theta_i} = \frac{\partial \eta_i}{\partial \mu_i} \frac{\partial \mu_i}{\partial \theta_i} = g'(\mu_i) a''(\theta_i) = g'(\mu_i) V(\mu_i) \tag{6.17}$$

が成り立つので,対角成分は $g'(\mu_i) V(\mu_i)^{-1}$ でもある.パラメータ ϕ(散らばり,dispersion) は,モーメントマッチング法か最尤法 ($\frac{\partial l}{\partial \phi} = 0$ の解) で求める.

さて,GLM で得られた複数のモデルの当てはまりのよさを調べるにはどうしたらよいのだろうか.1 つの方法は AIC のような情報量基準で比較する方法がある.

代替的な方法としてこれから述べる逸脱度 (deviance) による比較をする方法がある.逸脱度とは,飽和モデル (saturated model) という同じ確率分布とリンク関数をもつ GLM であるが,パラメータ数が最大のものをいう.飽和モデルでは最大の適合度のパラメータとなる.次の式が成り立ち,

$$\frac{\partial l}{\partial \theta_i} = \frac{y_i - \mu_i}{\phi} = \frac{y_i - a'(\theta_i)}{\phi} \tag{6.18}$$

飽和モデルでは $a'(\theta_i) = y_i$ となるので，$\check{\theta}_i$ は θ_i の最尤推定値となる．飽和対数尤度の値は，

$$\check{l} = \sum_{i=1}^{n} \left\{ \log c(y_i, \phi) + \frac{y_i \check{\theta}_i - a(\check{\theta}_i)}{\phi} \right\} \tag{6.19}$$

これが $a(\theta)$ で決まる分布をもつ確率変数 y の最大の対数尤度である．

一方，比較対象となるモデルの対数尤度を $\hat{l}$ とすると，逸脱度 Δ は，

$$\Delta \equiv 2(\check{l} - \hat{l})$$

と定義される．モデルの適合度が高いほど逸脱度は小さくなる．逸脱度は近似的に自由度 $(n - p)$ の χ^2 分布に従うことが知られており χ^2 検定ができる．特に $\frac{\Delta}{n-p}$ の値が 1 よりも大きいときにはモデルの適合度が悪いと判断される．

よく知られた分布の逸脱度

直接の計算によれば $c(y_i, \phi)$ の項が消えて，指数型分布族の逸脱度は，

$$\Delta = 2 \sum_{i=1}^{n} \left\{ \frac{y_i(\check{\theta}_i - \hat{\theta}_i - a(\check{\theta}_i) + a(\hat{\theta}_i))}{\phi} \right\} \tag{6.20}$$

となる．この $\check{\theta}_i, \hat{\theta}_i$ は，$a'(\check{\theta}i) = y_i$, $g\{a'(\hat{\theta}_i)\} = x_i'\hat{\beta}$ を満たす．これを使うと例えばよく知られた分布について逸脱度の式が求められる．ここでは，離散分布の代表としてポアソン分布，連続分布の代表として正規分布の逸脱度を求める．その他の分布についての確認は読者に任せる（表 6.3）．

1) ポアソン分布

$\phi = 1$ なので，$a(\theta) = e^\theta$, $a'(\theta) = e^\theta$, $\check{\theta} = \log y_i$, $\hat{\theta}_i = \log \hat{\mu}_i$.

表 6.3 確率分布の逸脱度の式

分布	逸脱度 (Δ)
正規分布	$\sigma^{-2} \sum_{i=1}^{n} (y_i - \hat{\mu}_i)^2$
ポアソン分布	$2 \sum_{i=1}^{n} \{ y_i \ln(\frac{y_i}{\hat{\mu}_i}) - (y_i - \hat{\mu}_i) \}$
2 項分布	$2 \sum_{i=1}^{n} n_i \{ y_i \ln(\frac{y_i}{\hat{\mu}_i}) - (n_i - y_i) \ln(\frac{n_i - y_i}{1 - \hat{\mu}_i}) \}$
ガンマ分布	$2\nu \sum_{i=1}^{n} \ln(\frac{y_i}{\hat{\mu}_i}) + (y_i - \hat{\mu}_i) \}$
逆ガンマ分布	$\sigma^{-2} \sum_{i=1}^{n} \frac{(y_i - \hat{\mu}_i)^2}{\hat{\mu}_i^2 y_i}$
負の 2 項分布	$2 \sum_{i=1}^{n} \left\{ y_i \ln(\frac{y_i}{\hat{\mu}_i}) - (y_i + \frac{1}{n}) \ln\left(\frac{y_i + \frac{1}{n}}{\hat{\mu}_i + \frac{1}{n}}\right) \right\}$

$$y_i(\log y_i - \log \hat{\mu}_i) - (y_i - \hat{\mu}_i) = y_i \log\left(\frac{y_i}{\hat{\mu}_i}\right) - (y_i - \hat{\mu}_i) \qquad (6.21)$$

2）正規分布

$a(\theta) = \frac{1}{2}\theta^2$, $a'(\theta) = \theta$, $\check{\theta} = y_i$, $\hat{\theta}_i = \hat{\mu}_i$ なので，分母を $\phi = \sigma^2$ とし，分子は以下となる．

$$y_i(y_i - \hat{\mu}_i) - \frac{1}{2}(y_i^2 - \hat{\mu}_i^2) = \frac{1}{2}(y_i - \hat{\mu}_i)^2 \qquad (6.22)$$

R による計算例 29（木材の体積と胴回り，高さの関係）

R の library base の中にある 31 本の切り出したブラックチェリーの木材の体積 (Volume)，周囲 (Girth)，高さ (Height) を計測したデータ trees からその関係式を統計的に分析してみる (Crawley, 2005). 単位は体積は立方フィート，高さはフィートで周囲はインチとなっている（1 インチは $\frac{1}{12}$ フィート）．木材を円柱と考えて，V：体積，r：半径，h：高さ，π：円周率とすると，

$$V = \pi r^2 h \qquad (6.23)$$

が成立する．単位をフィートに揃えると周囲 $\frac{g}{12} = 2\pi$ であるので，g を r に変数変換して，対数をとると，

$$\log V = \log \pi + 2\log r + \log h \qquad (6.24)$$

となる．以下，この理論式が実際のデータに当てはまるかどうかを線形回帰モデルと GLM により分析を行ってみる．まず，$\log V : \log g$ と $\log V : \log h$ の関係をグラフで確認する．

```
data(trees)
names(trees)
attach(trees)
par(mfrow=c(1,2))
plot(log(Girth),log(Volume))
plot(log(Height),log(Volume))
```

図 6.1 からわかるように，$\log V : \log g$ には強い比例関係が見られるが $\log V : \log h$ の関係はさほど明らかではない．

6.1 一般化線形モデル

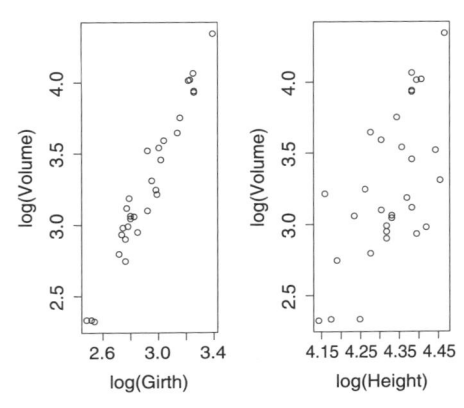

図 6.1 木材の体積と胴回り，高さの関係

そこで，理論モデルとして以下の3つのモデルを考える．1番目は係数と定数項に制約のないもの，2番目は係数と理論どおりとし定数項のみ無制約としたもの，3番目は係数と定数項とも理論どおりとしたものである．

1) $\log V = a + b \log r + c \log h + \epsilon$
2) $\log V = a + 2 \log r + \log h + \epsilon$
3) $\log V = \log(\frac{1}{4\pi}) + 2 \log r + \log h + \epsilon$

このモデルを実行してみる．offset は，その係数については既知のものとして推定しないということを表す．したがって，理論どおりとする係数はオフセットしている．

```
Radius<-Girth/12/2/pi
model1<-lm(log(Volume)~log(Radius)+log(Height))
summary(model1)
 ##結果##
Call:
lm(formula = log(Volume) ~ log(Radius) + log(Height))
Residuals:
     Min       1Q   Median       3Q      Max
-0.168561 -0.048488  0.002431  0.063637  0.129223
Coefficients:
            Estimate Std. Error t value Pr(>|t|)
(Intercept)  1.21599    0.94468   1.287    0.209
log(Radius)  1.98265    0.07501  26.432  < 2e-16 ***
```

```
log(Height)  1.11712    0.20444   5.464  7.8e-06 ***
---
Signif. codes:  0 '***' 0.001 '**' 0.01 '*' 0.05 '.' 0.1 ' ' 1
Residual standard error: 0.08139 on 28 degrees of freedom
Multiple R-squared: 0.9777,      Adjusted R-squared: 0.9761
F-statistic: 613.2 on 2 and 28 DF,  p-value: < 2.2e-16
#3つのモデルを分散分析により比較する
model1<-glm(log(Volume)~log(Radius)+log(Height))
model2<-glm(log(Volume)~offset(2*log(Radius)+log(Height)))
model3<-glm(log(Volume)~-1+offset(1.14473+2*log(Radius)
+log(Height)))
anova(model1,model2,model3,test="F")
  ##結果##
Analysis of Deviance Table
Model 1: log(Volume) ~ log(Radius) + log(Height)
Model 2: log(Volume) ~ offset(2 * log(Radius) + log(Height))
Model 3: log(Volume) ~ -1 + offset(1.14473 + 2 * log(Radius)
+log(Height))
  Resid. Df Resid. Dev Df Deviance       F Pr(>F)
1      28     0.1855
2      30     0.1877 -2  -0.0022    0.1678 0.8464
3      31    11.4365 -1 -11.2489 1698.2764 <2e-16 ***
---
Signif. codes:  0 '***' 0.001 '**' 0.01 '*' 0.05 '.' 0.1 ' ' 1
```

この結果から，理論式どおりのモデルが最も当てはまりがよいことがわかった．

6.2　生存時間解析

データの中のある時点から関心のあるイベント (event) が発生するまで，その個体を観察することが，医療や工学，最近では信用リスクを扱う金融工学などの分野でよく行われている．例えば，医療分野におけるイベントは病気や死亡で，また工学分野では製品の信頼性実験のとき製品の故障などをイベントとする．金融工学では企業倒産（デフォルト）や格付変更などがイベントとなる．この事象の発生までの時間の分布を分析するのが生存時間解析である．

アクチュアリーは人の生死や事故，病気を取り扱うので生存時間解析は保険数理の基礎であるが，日本のアクチュアリーは，これから説明するようなカプ

ラン–マイヤー (Kaplan–Meyer) 法やコックス (D.R.Cox) の比例ハザードモデル (proportional hazard model) など，それらの分野で知られている手法に接する機会はそれほど多くはなかったように思われる．しかし，わが国でも保険アクチュアリーが，自社の経験による比較的少数の標本にもとづいた優良体保険や医療保険，自動車保険を設計するためには，個票による詳細なリスク分析が必要になってくるものと考えられる．その場合，威力を発揮するのが生存時間解析と呼ばれる統計学の分野であり，リスク細分を行うかどうか，その場合のリスクの定量化をどうするかなど，実際のデータを用いて分析するにはこれらの知識は欠かせないものになってくる．生存解析のモデルには，パラメータを一切用いないノンパラメトリック (non-parametric) なモデル，一部の要因についてのみパラメータを用いるセミパラメトリック (semi-parametric) なモデル，パラメータをもつ分布関数に当てはめるパラメトリック (parametric) なモデルがある．ノンパラメトリックな方法の代表がカプラン–マイヤー法，セミパラメトリックな方法の代表が比例ハザードモデルである．生存時間解析に関するRのパッケージとしてはsurvivalがよく使われる．

イベントが観察されるまでの時間 T を生存時間と呼び，確率変数と考える．生存時間解析とは，生存時間と関連情報についてのデータを用いて，生存率の推定や違ったグループとの比較，さらに生存率とそれに影響を及ぼすさまざまな要因との関係，例えば喫煙習慣と死亡率の関係などを調べる統計手法である．ここで生存時間に影響を及ぼす時間を除く諸要因のことを「共変量」と呼ぶ．生存解析の主な目的は次の生存関数の推定や比較である．これらは，すでに生命保険数理で説明したものであり，アクチュアリーにとってはおなじみのものである．

$$S(t) = \Pr(T > t) = \int_x^\infty f(t)dt$$

この $f(t)$ は T の密度関数であり，生存関数 $S(t)$ は事象が発生するまでの時間が t を超える確率を表す．

生存時間解析では，この確率密度関数か生存関数を与えればよいが，確率密度関数を生存関数で割った量で与えてもよい．これは生命保険数理で説明した死亡率に当たるものであるが，一般にはハザード関数 ($h(t)$) と呼んでいる．

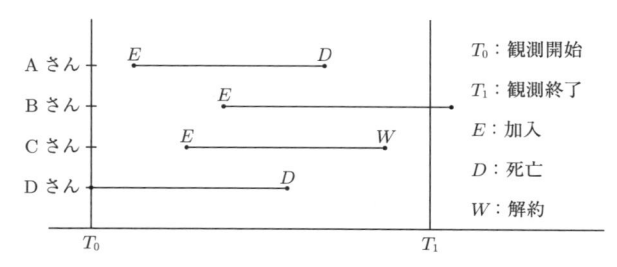

図 6.2 生存時間における打ち切りのパターン

$$h(t) = \frac{f(t)}{S(t)} = \frac{f(t)}{\int_t^\infty f(y)dy}$$

また，これを積分したものを累積ハザード関数 $H(t)$ と呼んでいる．

$$H(t) = \int_0^t h(y)dy = -\log S(t)$$

この，いずれかの関数が明示的に与えられれば確率分布は決定される．

ところで，生存時間に関して観察を行うとき，治療の中止など観察の途中で中断する場合がある．もしくは測定が一時点しか実施できないため観察の終了したところで死亡などイベントに関するデータが入手できないことがある．このようなことを打ち切りが起きたという．

図 6.2 では打ち切りが起きた状況を表している．生命保険の被保険者 A さんは保険会社の加入時点から死亡時点まで全経歴がわかっている．B さんは加入時点はわかっているが決算時には生存しているので死亡時期はわからない．C さんは加入時点はわかっているが途中で解約したので死亡時期がわからない．また D さんは加入時期はわからないが死亡時点はわかっている．この状況で A さんは打ち切りなし，B さんは右側打ち切り，C さんも右側打ち切り，D さんは左側打ち切りなどという．生存時間解析では，この処理を統計学的に正しく行うことが要請される．

6.2.1 パラメトリック推定法

生存時間の確率分布を特定したモデルをパラメトリックモデルと呼んでいる．確率分布は，生存関数やハザード関数で決まるが，特によく使われる確率分

表 6.4　よく使われるハザード関数

確率分布	ハザード関数
指数 (exponential) 分布	定数 $= \frac{1}{\mu}$
ワイブル (Weibull) 分布	$\alpha\lambda(\lambda t)^{(\alpha-1)}$
ゴンパーツ (Gomperts) 分布	be^{ct}
メーカム (Makeham) 分布	$a + be^{ct}$
極値 (extreme) 分布	$\frac{1}{\sigma}e^{\frac{t-\eta}{\sigma}}$
レイリー (Rayleigh) 分布	$a + bt$

布とハザード関数を表 6.4 に示す．これら確率分布の中で，最も基本的な分布は指数分布である．これは，ハザード関数が定数であり生存関数が一定割合で減少してゆく．劣化の少ない機械がランダムに故障すると考えられるときには当てはまりがよいかもしれない．ワイブル分布もよく使われる分布であるが，パラメータにより生存時間に依存して増加させたり減少させたりできるので便利である．普通は故障は古くなった機械に起きやすいのでワイブル分布の方がモデル化しやすい．一方，生存時間の減少関数となるものとして低格付けの債券のデフォルト率や乳児から幼児期までの死亡率などが例となる．中高年齢層の死亡率のように加齢によって急速に上昇する場合にはゴンパーツ分布やメーカム分布の方が当てはまりがよく，実際に生命表の作成に用いられている．パラメトリックモデルの場合には，どの分布を使えば適切かは AIC などを用いる通常のモデル選択を行うことになる．

R による計算例 30（がん (cancer) の治療効果）

がん患者の個票データ (cancer) で一人一人に無作為に薬 A，B，C そして効果のない偽薬（プラセボ，placebo）を飲ませ，パラメトリック分布に当てはめて，2 つの分布を使い薬の延命効果について解析した．

```
cancer<-read.table("cancer.txt",header=T)
attach(cancer)
names(cancer)
```

次に 4 つの異なる治療法別の生存曲線を見る（図 6.3）．

```
plot(survfit(Surv(death,status)~treatment),lty=c(1,2,3,4))
```

4 つの治療法による寿命の違いを確かめる．

図 6.3 治療法別の生存曲線

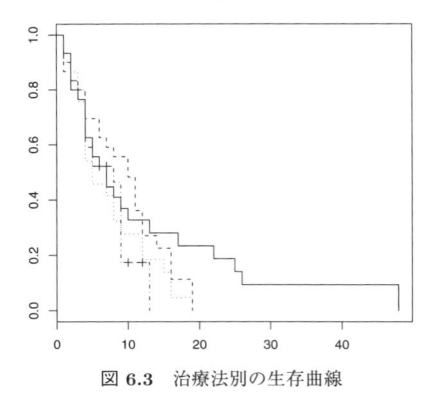

```
tapply(death[status==1],treatment[status==1],mean)
   DrugA    DrugB    DrugC   placebo
9.480000 8.360000 6.800000 5.238095
```

A を使った被験者は偽薬より 4 年以上長命であった．
次にこれらの分散は，

```
tapply(death[status==1],treatment[status==1],var)
    DrugA     DrugB     DrugC   placebo
117.51000  32.65667  27.83333  11.39048
```

次のモデルは，パラメトリック生存モデルを当てはめる関数 survreg を使ったものであり，引数 dist には exponential を用いる．

```
model<-survreg(Surv(death,status)~treatment,dist="exponential")
summary(model)
                  Value Std. Error      z        p
(Intercept)       2.448     0.200  12.238 1.95e-34
treatmentDrugB   -0.125     0.283  -0.443 6.58e-01
treatmentDrugC   -0.430     0.283  -1.520 1.28e-01
treatmentplacebo -0.333     0.296  -1.125 2.61e-01
Scale fixed at 1
Exponential distribution
Loglik(model)= -310.1   Loglik(intercept only)= -311.5
        Chisq= 2.8 on 3 degrees of freedom, p= 0.42
Number of Newton-Raphson Iterations: 4
```

n= 120

極値分布を見るため,引数 dist を extreme にした場合は,

```
model<-survreg(Surv(death,status)~treatment,dist="extreme")
summary(model)
survreg(formula = Surv(death, status) ~ treatment, dist = "extreme")
                   Value Std. Error     z        p
(Intercept)        22.91   2.0686   11.07  1.69e-28
treatmentDrugB    -11.16   2.7548   -4.05  5.13e-05
treatmentDrugC    -13.38   2.7487   -4.87  1.12e-06
treatmentplacebo  -13.29   2.9357   -4.53  5.97e-06
Log(scale)          2.21   0.0717   30.76  8.32e-208
Scale= 9.08
Extreme value distribution
Loglik(model)= -371.7   Loglik(intercept only)= -383.7
        Chisq= 23.94 on 3 degrees of freedom, p= 2.6e-05
Number of Newton-Raphson Iterations: 5
n= 120
```

以上より極値分布の方が当てはまりがよく B, C も効果があったことがわかる.

6.2.2 ノンパラメトリック推定法

a. カプラン–マイヤー推定法

ノンパラメトリック推定法の代表的な方法であるカプラン–マイヤー法は,がんの治療薬の効能を調べるなど,標本数が少ない場合に発生率を求める方法としてよく使われている.例えば,ある病院に入院した胃がんの患者の数年分のデータが n 件あるとする.入院日から測定時点までに死亡者は死亡日がわかるが,生存者は現在も生存しているので死亡日はわからないことになる.小標本なので「打ち切り」のあるデータも含めて統計処理しなければならないが,このような場合にも威力を発揮するのがカプラン–マイヤー法である.

生命保険会社の商品設計においても,リスク細分を進める場合に属性の異なる被保険者の個別データが存在するが小標本であるときには,属性ごとの死亡率や罹病率ごとの発生率を算出するのに役立つ手法である.

カプラン–マイヤー法は一言でいえば経験分布を愚直に求める方法である.時

刻 t 以上生存する確率を表す経験生存関数は

$$\check{S}(t) = \frac{\text{生存時間が } t \text{ 以上になる人口}}{\text{総人口}} \tag{6.25}$$

により与えられる．この考え方を精緻に展開してゆこう．

観察数 n のうち，異なる時刻 $0 < y_1 < \cdots < y_m$ と対応するリスク集合 $r_1 < \cdots < r_m$ および重複数 $w_1 < \cdots < w_m$ が与えられているとする．ここでリスク集合とは分母となるリスクに曝露されている人口で，重複数は同時に発生した場合の重複の数である．$y_0 = 0$ とし，したがって $S(y_0) = S(0) = 1$ と仮定する．このとき，生存関数 $S(y_j) = P(T > y_j), j = 1, 2, \cdots, m$ を考える．条件付確率を考えて，

$$S(y_j) = P(T > y_1)P(T > y_2|T > y_1)\cdots P(T > y_j|T > y_{j-1}) \tag{6.26}$$
$$= P(T > y_1) \prod_{h=2}^{j} P(T > y_h|T > y_{h-1})$$

y_1 のリスク集合は r_1 で，y_1 をとるのは w_1 個なので，$P(T > y_1)$ の推定値は，

$$\hat{P}(T > y_1) = 1 - \frac{w_1}{r_1} \tag{6.27}$$

が成り立つ．これは $h > 1$ のときにも同様に成り立つので，

$$\hat{P}(T > y_h|T > y_{h-1}) = 1 - \frac{w_h}{r_h}, h = 1, 2, \cdots, m \tag{6.28}$$

これから，$S(y_j)$ の推定値は，

$$\hat{S}(y_j) = \hat{P}(T > y_1) \prod_{h=2}^{j} P(T > y_h|T > y_{h-1}) \tag{6.29}$$
$$= \prod_{h=1}^{j} \left(1 - \frac{w_h}{r_h}\right)$$

$y_j \leq y \leq y_{j+1}$ の y に対しては，その間でイベントは発生しないので $\hat{S}(y) = \hat{S}(y_j)$ である．

以上の考察よりカプラン–マイヤー推定値は，

$$\hat{S}_K(y) = \begin{cases} 1, & 0 \leq y_1 \\ \prod_{h=1}^{j}(1 - \frac{w_h}{r_h}), & y_j \leq y \leq y_{j+1}, j = 1, 2, \cdots, m-1 \\ \prod_{h=1}^{m}(1 - \frac{w_h}{r_h}), & y_m \leq y \end{cases}$$

6.2 生存時間解析

すべてが打ち切りのないデータであれば，$r_1 = n$, $r_j = r_{j-1} - w_{j-1}$ が成立するので，$i = 1, \cdots, m-1$ に対し，

$$\hat{S}_K(y_j) = \prod_{h=1}^{j} \left(1 - \frac{w_h}{r_h}\right) = \prod_{h=1}^{j} \frac{r_{h+1}}{r_h} = \frac{r_{j+1}}{n} \tag{6.30}$$

が成り立つ．

次に，カプラン–マイヤー推定量の平均と分散を求めることにする．この導出は，リスク集合とイベント時刻が既知とした発見的なものであり厳密には証明を要する．まず，$\mathcal{I}$ を $\{y_1, \cdots, y_m, r_1, \cdots, r_m\}$ の情報の集合とする．また，W_j を w_j を表す確率変数とする．次に，$\mathcal{I}$ の下で y_j の条件付確率を求めると，

$$P(T \leq y_j | T > y_{j-1}) = \frac{S(y_{j-1}) - S(j)}{S(j-1)} = 1 - S_j;\; S_j = \frac{S(y_j)}{S(y_{j-1})},$$
$$j = 1, \cdots, m \tag{6.31}$$

また，$W_j | \mathcal{I}$ は平均 r_j，確率 $(1 - S_j) \to r_j - W_j | \mathcal{I}$ は平均 r_j，確率 S_j の2項分布をしていることから，

$$E\left[\frac{r_j - W_j}{r_j}\bigg|\mathcal{I}\right] = S_j \tag{6.32}$$

$$E\left[\left(\frac{r_j - W_j}{r_j}\right)^2 \bigg|\mathcal{I}\right] = S_j^2 \left[\frac{1 - S_j}{S_j r_j} + 1\right]$$

が成り立つ．このことから，若干の計算を行うと，

$$E[\hat{S}_K(y_j) | \mathcal{I}] = S_j \tag{6.33}$$

$$V[\hat{S}_K(y_j) | \mathcal{I}] = [S_j]^2 \left\{\prod_{h=1}^{j}\left[\frac{1 - S_h}{S_h r_h} + 1\right] - 1\right\}$$

が得られる．分散の式は，$\prod_{h=1}^{j}[\frac{1-S_h}{S_h r_h} + 1] \fallingdotseq 1 + \sum_{h=1}^{j} \frac{1-S_h}{S_h r_h}$ と近似されるので，

$$V[\hat{S}_K(y_j) | \mathcal{I}] = [S_j]^2 \sum_{h=1}^{j} \frac{1 - S_h}{S_h r_h} \sim [S_j]^2 \left(\sum_{h=1}^{j} \frac{w_h}{r_h(r_h - w_h)}\right) \tag{6.34}$$

と推定され，最後の表現はグリーンウッドの近似として知られている．

$\hat{S}_K(y_j)$ の分布を正規近似することで $S(y_j)$ の信頼区間を求めることができる．

b. ネルソン–アーレン推定法

累積ハザード関数 $H(y) = -\log[S(y)]$ であったことを思い出し，$y_j \leq y \leq y_{j+1}$ の y に対して $S(y)$ を $\hat{S}_K(y)$ で推定値で置き換えると，

$$\hat{H}(y) = -\log[\hat{S}_K(y)] = -\log\left[\prod_{h=1}^{j}\left(1 - \frac{w_h}{r_h}\right)\right] \quad (6.35)$$

$$= -\sum_{h=1}^{j} \log\left(1 - \frac{w_h}{r_h}\right) \sim \sum_{h=1}^{j} \log \frac{w_h}{r_h}$$

という近似式が成立する．これを累積ハザード関数のネルソン–アーレン推定量と呼ぶ．正確には，

$$\hat{H}(y) = \begin{cases} 0, & 0 \leq y_1 \\ \sum_{h=1}^{j} \frac{w_h}{r_h}, & y_j \leq y \leq y_{j+1},\ j = 1, 2, \cdots, m-1 \\ \sum_{h=1}^{m} \frac{w_h}{r_h}, & y_m \leq y \end{cases}$$

である．同様に，生存関数のネルソン–アーレン推定量は，

$$\hat{S}_N(y) = \begin{cases} 1, & 0 \leq y_1 \\ \exp(-\sum_{h=1}^{j} \frac{w_h}{r_h}), & y_j \leq y \leq y_{j+1},\ j = 1, 2, \cdots, m-1 \\ \exp(-\sum_{h=1}^{m} \frac{w_h}{r_h}), & y_m \leq y \end{cases}$$

$\hat{H}(y)$ の分散を求めるには，$\mathcal{I}$ の下で W_h をポアソン分布と仮定すると，

$$\hat{V}[\hat{H}(y_j)] = \hat{V}\sum_{h=1}^{j}\left(\frac{W_h}{r_h}\right) = \sum_{h=1}^{j}\left(\frac{\hat{V}(W_h)}{r_h^2}\right) = \sum_{h=1}^{j} \frac{w_h}{r_h^2} \quad (6.36)$$

これから信頼区間が求められる．

R による計算例 31（白血病患者に対する治療薬の効果）

R の生存時間解析のパッケージとして survival がある．また，パッケージ MASS の中には gehan という生存時間データがある．データ gehan は，急性白血病患者に対する薬物投与の効果を調べるために被験者 42 名に対して行った臨床試験データである．被験者は維持療法として寛解[*1)]に達した患者に 6-mercaptopurine[*2)] という薬の投与群と対照群（投薬していない群）のペアに

[*1)] 症状・病勢などの進行が止まり，楽になる（ようにする）こと．
[*2)] 抗がん剤の一種である抗悪性腫瘍薬（プリン系代謝拮抗薬）．以下，6-MP と略す．

6.2 生存時間解析

よって構成されている．time は寛解から再発に至るまでの期間を記録している．

データフレーム gehan の中身を見ることにする．

pair は投与と被投与群のペア，time は生存時間，cens は打ち切り 1，否 0，treat は 6-MP を投与したかしないかを表す．

```
library(survival);library(MASS)
data(gehan)
dim(gehan)
[1] 42  4
gehan[1:10,]  #最初の 10 のデータ
   pair time cens    treat
1     1    1    1  control
2     1   10    1     6-MP
3     2   22    1  control
4     2    7    1     6-MP
5     3    3    1  control
6     3   32    0     6-MP
7     4   12    1  control
8     4   23    1     6-MP
9     5    8    1  control
10    5   22    1     6-MP
```

このデータに関数 Surv（時間，打ち切り判定）を入れると，以下のような結果が出力される．+は打ち切りデータの意味である．

```
> Surv(gehan$time,gehan$cens)
 [1]  1   10   22    7    3   32+  12   23    8   22   17
 6    2   16   11   34+   8  [18] 32+  12   25+   2   11+
 5   20+   4   19+  15    6    8   17+  23   35+   5    6
[35] 11   13    4    9+   1    6+   8   10+
```

パッケージ survival には，ノンパラメトリック法による生存時間を当てはめる関数 survfit がある．関数 survfit は，引数 type を用いて推定法を指定するが，指定しなければカプラン–マイヤー法が選ばれる[*3)]．

データ gehan の生存時間 time を目的変数，投薬したか否かのデータを記録

[*3)] ほかにフレミングハリントン推定法，同第 2 推定法の全部で 3 種類の推定方法が用意されている．

した treat 列を説明変数とした関数 survfit の使い方を見る．

```
ge.sf<-survfit(formula = Surv(time, cens) ~ treat, data = gehan)
summary(ge.sf)
Call: survfit(formula = Surv(time, cens) ~ treat, data = gehan)
                treat=6-MP
 time n.risk n.event survival std.err lower95% CIupper95% CI
    6     21       3    0.857  0.0764    0.720           1.000
    7     17       1    0.807  0.0869    0.653           0.996
   10     15       1    0.753  0.0963    0.586           0.968
   13     12       1    0.690  0.1068    0.510           0.935
   16     11       1    0.627  0.1141    0.439           0.896
   22      7       1    0.538  0.1282    0.337           0.858
   23      6       1    0.448  0.1346    0.249           0.807
                treat=control
 time n.risk n.event survival std.err lower95% CIupper95% CI
    1     21       2   0.9048  0.0641   0.78754          1.000
    2     19       2   0.8095  0.0857   0.65785          0.996
    3     17       1   0.7619  0.0929   0.59988          0.968
    4     16       2   0.6667  0.1029   0.49268          0.902
    5     14       2   0.5714  0.1080   0.39455          0.828
    8     12       4   0.3810  0.1060   0.22085          0.657
   11      8       2   0.2857  0.0986   0.14529          0.562
   12      6       2   0.1905  0.0857   0.07887          0.460
   15      4       1   0.1429  0.0764   0.05011          0.407
   17      3       1   0.0952  0.0641   0.02549          0.356
   22      2       1   0.0476  0.0465   0.00703          0.322
   23      1       1   0.0000     NA        NA              NA
plot(ge.sf,lty=1:2)
legend(locator(1),c("6-MP","control"),lty=c(1,2))
```

図 6.4 を見ると明らかに 6-MP 投与群の方が生存率が高いように見えるが，標本数が少ないので統計的検定をしてみないと何ともいえない．まず，この生命表の信頼区間を見ることにしよう．

関数 survfit には，信頼区間を推定する方法を指定する引数 conf.type があり，plain を選ぶと $\hat{P} + \hat{P} \pm z_{1-\frac{\alpha}{2}} se(\hat{P})$ という信頼区間を計算してくれる[*4]．se は標準誤差を表し，ハザード関数は $\hat{H} = -\log(\hat{P})$ で定義される．

[*4] そのほかにも log，log-log の中から 1 つ選択でき，log：$\hat{P} \exp[\pm z_{1-\frac{\alpha}{2}} se(\hat{H})]$，log-log：$\exp\left\{-\hat{H} \exp\left[\pm z_{1-\frac{\alpha}{2}} \frac{se(\hat{H})}{\hat{H}}\right]\right\}$ となる．

図 6.4 白血病患者の治療効果

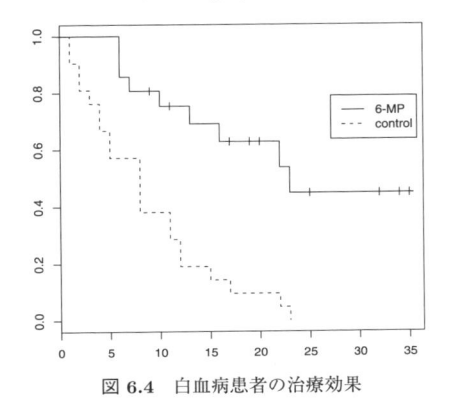

データ gehan のように 2 群（投薬群，対照群など）以上の観測値が得られたときには，群ごとの生存曲線の間の差の有意検定をしたい場合がある．最もよく利用されている検定方法はログランク (log-rank) 検定法である．ログランク検定法は，群ごとのイベントありとなしに集計したクロス表の χ^2 検定の推定値を検定統計量とする．パッケージ survival には検定を行う関数 survdiff があり，何も指定しなければログランク検定を実行する．データ gehan の生存曲線のログランク検定の例を示す．

```
survdiff(formula = Surv(time) ~ treat, data = gehan)

              N Observed Expected (O-E)^2/E (O-E)^2/V
treat=6-MP   21       21     29.2      2.31      8.97
treat=control 21      21     12.8      5.27      8.97
Chisq= 9  on 1 degrees of freedom, p= 0.00275
```

ログランク検定の p 値は 0.00275 であるので，有意水準 5% を規準とすれば，両群（投薬群と対照群）の生存率には有意な差が認められ，6-MP に効能があることが実証された．

6.2.3 セミパラメトリック推定法

セミパラメトリックモデルの代表的なものが，コックスの比例ハザードモデルである．GLM を適用する場合には，$E[Y] = g(\beta^T \bar{x})$ などの仮定をおき，最

小二乗法や最尤法などを用いて回帰パラメータ β の推定を行った.しかし,生存時間解析の場合には,$E(Y)$ の代わりにハザード関数 $h(t)$ を用いた方が自然である.例えば,6.2.1 項で紹介した生存時間 T の分布が指数分布となるパラメトリックモデル[*5]を考える.

$$h(t;x) = \exp(\alpha + \beta\bar{x}) = h_0 e^{\beta^T x},\ h_0 > 0 \qquad (6.37)$$

この単純モデルでは,密度関数 $f(t) = \lambda\exp(-\lambda t)$ にもつ指数分布のハザード率は定数 λ である.したがって $\lambda = h_0 e^{\beta^T x}$ として最尤法を使って β を推定することができる.コックスによる比例ハザードモデルは,このモデルの h_0 を $h_0(t)$ に拡張して得られたモデルである.

$$h(t;x) = \exp(\alpha + \beta\bar{x}) = h_0(t) e^{\beta^T x},\ h_0(t) > 0 \qquad (6.38)$$

このモデルの特徴は,$h_0(t) = h(t; x=0)$ を,t の関数であるが経験分布で与えるところにある.x が 0 と異なる,すべての $h(t;x)$ は $h_0(t)$ に比例するという際立った特徴をもっている[*6].一方で,共変量の効果については,$\beta^T x$ という関数形で決まっており,パラメトリットなモデルとなっている.このように,比例ハザードモデルはノンパラメトリックとパラメトリックの組み合わせになっているのでセミパラメトリックなモデルと呼ばれる.

比例ハザードモデルが実務的に好まれる理由は,$h_0(t)$(基準ハザード関数)を具体的に特定化しなくてすむ点にある.このことにより,ハザード関数を無理にある関数に当てはめることによる推定誤差を気にしなくてよい.しかし,共変量の効果は効率よく抽出してくれる可能性がある.比例ハザードモデルの最大の問題点は比例ハザード性 (proportional hazard assumption) という仮定の妥当性にある.いま共変量 $x,\ y$ をもつ 2 人のハザードの比を考えると,

$$\frac{h(t;x)}{h(t;y)} = \exp(\beta^T(\mathbf{x} - \mathbf{y})) \qquad (6.39)$$

が成り立つ.すなわち個人間のハザード比 (hazard ratio) は,時間によらず共変量のみの関数となることがわかる.例えば,共変量の効果が時間とともに変

[*5] 指数回帰モデルと呼ばれる.
[*6] このため $h_0(t)$ は基準ハザード (baseline hazard) と呼ばれる.

化する場合には比例ハザード性は成り立たないので，このモデルは使えない．Rには cox.zph という関数があり，比例ハザード性の検定を行ってくれる．

比例ハザードモデルのパラメータ推定は2段階で行われる．第1段階は，部分尤度法 (partial likelihood method) を用いた β の推定であり，第2段階はカプラン–マイヤー法やネルソン–アーレン法によるノンパラメトリックな基準ハザード関数の推定である．後者はすでに述べたので，これからは部分尤度法について説明する．

まず，$n(\geq m)$ 個のデータに対し，異なる時刻 $0 < y_1 < \cdots < y_m$ と対応するリスク集合 $r_1 < \cdots < r_m$ および重複数 $w_1 < \cdots < w_m$ が与えられているとする．イベント i が時刻 y_j で発生したとき，$L_i(\beta)$ を同時刻 y_j であるイベントが発生したときの，i が発生する確率と定義する．すなわち，

$$\begin{aligned} L_i(\beta) &= P\,(時刻\ y_j で，イベント\ i\ が発生する\ |\ 時刻\ y_j で，あるイベントが発生する) \\ &= \frac{P\,(時刻\ y_j で，イベント\ i\ が発生する)}{P\,(時刻\ y_j で，あるイベントが発生する)} \\ &= \frac{\exp(\beta^T x_i)}{\sum_{i' \in r_j} \exp(\beta^T x_{i'})} \end{aligned} \qquad (6.40)$$

部分尤度 $L(\beta)$ は，以下の式で定義される．

$$L(\beta) = \prod_{i=1}^{n} L_i(\beta) \qquad (6.41)$$

このように部分尤度は β のみの関数となっているので，基準ハザード関数に無関係に β の推定が可能となる．

次に基準ハザード関数の推定に移る．比例ハザードモデルによる累積ハザード関数 $H(y; \beta^T x)$ は，

$$H(y; \beta^T x) = \int_0^t h(y; \beta^T x) dy = \int_0^t h(y; 0) e^{\beta^T x} dy = H_0(y) e^{\beta^T x} \qquad (6.42)$$

である．すなわち，

$$\log(H(y; \beta^T x)) = \log(H_0(y)) + \beta^T x \qquad (6.43)$$

が示された．これから，ネルソン–アーレン推定法を適用して，若干の計算を行えば以下が結論される．

$$\hat{H}(y;\beta^T x) = \sum_{h=1}^{j} \frac{w_h}{r_h} = \sum_{h=1}^{j} \frac{w_h}{r_h^*},\ y_j \leq y \leq y_{j+1} \tag{6.44}$$

ここに，$r_h^* = \sum_{i' \in r_h} e^{\beta^T x_{i'}}$ である．

R による計算例 32（2つの治療群による子宮がんの延命効果）

パッケージ survival には，比例ハザードモデルのパラメータを推定する関数 coxph が入っている．モデルによる生存時間の当てはめは，計算例 31 のとおり関数 survfit を用いている．以下の例は，子宮がんに罹った 60 歳の患者の異なる 2 種類の治療群による余命のデータ (ovarian) によるものである．

	futime	fustat	age	resid.ds	rx	ecog.ps
1	59	1	72.3315	2	1	1
2	115	1	74.4932	2	1	1
3	156	1	66.4658	2	1	2
4	421	0	53.3644	2	2	1
5	431	1	50.3397	2	1	1
6	448	0	56.4301	1	1	2
---	---	---	(中略)	---	---	---
25	365	1	64.4247	2	2	1
26	377	0	58.3096	1	2	1

ここで futime は死亡または打ち切りまでの時間，fustat は打ち切りの有無，age は年齢，resid.ds は他の病気の併発（なし = 1，あり = 2），rx は治療群，ecog.ps は患者の日常生活状態（0 が最もよい）を表している．

関数 coxph の適用はきわめて簡単で，1 行で共変量が 1 単位変化した場合のハザード比と 95% の信頼区間を返す．計算例を次に示す．共変量としては年齢 (age) と治療法 (rx) を採用している．

```
library(survival)
#fit a Cox proportional hazards model and plot the
#predicted survival for a 60 year old
fit <- coxph(Surv(futime,fustat)~rx+age, data = ovarian)
summary(fit)
```

```
Call:
coxph(formula = Surv(futime, fustat) ~ rx + age, data = ovarian)
n= 26
      coef exp(coef) se(coef)      z      p
rx  -0.804     0.448   0.6320  -1.27 0.2000
age  0.147     1.159   0.0461   3.19 0.0014

    exp(coef) exp(-coef) lower .95 upper .95
rx      0.448      2.234     0.130      1.54
age     1.159      0.863     1.059      1.27

Rsquare= 0.457   (max possible= 0.932 )
Likelihood ratio test= 15.9  on 2 df,   p=0.000355
Wald test            = 13.5  on 2 df,   p=0.00119
Score (logrank) test = 18.6  on 2 df,   p=9.34e-05
```

このように R^2 値，尤度比検定，ワルド検定の値も出力してくれる．rx=1, age=50 と rx=2, age=60 のハザード比の点推定値も以下のように 0.514 であることがすぐに計算できる．

$$\exp\{-0.804(1-2) + 0.147(50-60)\} = 0.514 \qquad (6.45)$$

この推定値は，年齢は若くとも治療効果の弱い前者の患者の余命は約半分であることを示している．

しかし，次に推定されたパラメータの分散共分散行列を調べてみる．

```
fit$var
           [,1]         [,2]
[1,] 0.399486408 0.004696922
[2,] 0.004696922 0.002129550
sqrt(diag(fit$var))
[1] 0.63204937 0.04614705
```

これから，$\hat{\beta}_1(1-2) + \hat{\beta}_2(50-60)$ の点推定値の分散は，

$$\hat{V}[-\hat{\beta}_1 - 10\hat{\beta}_2] = \hat{V}[\hat{\beta}_1] + 100\hat{V}[\hat{\beta}_2] + 20\hat{Cov}[\hat{\beta}_1, \hat{\beta}_2]$$
$$= 0.399 + 100 \times 0.00213 + 20 \times 0.00470$$
$$= 0.706$$

したがって，95%の信頼区間は，

$$0.514 \times \exp(\pm 1.96 \times \sqrt{0.706}) = (0.099, 2.67) \tag{6.46}$$

となる．この信頼区間は1を挟んで広い範囲であり，この推定値の信頼性はかなり低いことが読み取れる．

そこで，帰無仮説 $H_0 : \beta_2 = 0$ を検定してみる．そのために rx のみのモデルを考える．

```
fit1 <- coxph(Surv(futime, fustat) ~rx, data = ovarian)
fit$loglik
[1] -34.98494 -27.04190
fit1$loglik
[1] -34.98494 -34.45921
```

これから，$\chi^2 = -2 \times (-34.45921) - (-2 \times (-27.04190)) = 68.92 - 54.08 - 14.38 > \chi_1^2 = 3.84$．したがって有意な差があることがわかり，2変量のモデルの方がよいことがわかる．

7 リスク細分型保険

　リスク細分型保険とは，従来のリスク区分をより細かく区分して保険料率を多様化した保険のことをいう．日本の保険業界では 1990 年代後半に保険自由化が進展し，リスク細分化商品が生命保険・損害保険とも増加してきている．リスク細分には，いくつかの留意点が必要であるが，(1) 料率区分の客観性，(2) 料率の公平性，(3) 料率区分と危険度の合理的な関係，はアクチュアリーが統計的推定や検定などのツールを正しく適用してゆくことが期待される判断業務である．

　損害保険では，リスク細分は自動車保険から始まり，1997 年 6 月，当時の大蔵省は保険審議会報告を受けて「料率高騰や引き受け拒否」を引き起こさないよう「最低限の商品・料率認可のガイドラインを設け，社会的混乱を回避しつつ自由化の進展を促す」こととし，特に自動車保険については，危険要因の種類や危険要因が年齢，性別および地域の場合の料率間格差の上限を示し規制している[1]．生命保険でも従来の性別，年齢などのリスク区分を細分化し，喫煙者と非喫煙者に区分したり，健康者を優良健康者と普通健康者に区分した商品が販売されるなど自由化が進展している．これらのリスク細分の料率区分や料率の計算には GLM が利用されることが多い．そこで，具体的にどのように分析したらよいかいくつかの例を見てゆきたい．

---

[1] 保険業法施行規則第 12 条では，次の 9 つの危険要因の範囲内でリスク細分をするように求めている．(1) 年齢，(2) 性別，(3) 運転歴，(4) 使用目的，(5) 走行距離，(6) 地域，(7) 種別，(8) 安全装置，(9) 保有台数．

7.1 リスク細分のための統計モデル

さて，アクチュアリーが GLM や生存時間解析の手法を利用するときにはどのようなモデルが考えられるであろうか．

1つは，公的機関や自社の保険統計から死亡率や解約失効率，各種発生率などの諸数値を算出し，その数値の誤差評価を行いたいという動機があろう．生命保険では死亡率など諸発生率を応答変数として説明変数について性別，年齢以外にも体型，嗜好，健康状態などさまざまな要因に関する情報が得られれば，保険商品のきめ細かい設計に役立てることができるし，またリスク細分化も客観的に行うことができるであろう．

この目的に適したモデルとしては，まずポアソン回帰モデルが考えられる．ポアソン分布は応答変数が自然数であるので発生件数を与えるには適している．分子の発生件数を応答変数とし，分母の人口をオフセット変数として，その他の説明変数でポアソン回帰することで，ある程度のデータの収集が可能であれば一定のモデル作成が可能である．

しかし，場合によってはポアソン分布が当てはまらない場合もあろう．ポアソン分布のパラメータは「平均 = 分散」を表す λ 1つしかないため，それよりも超過分散 (overdispersion) の問題に時折，遭遇することがある．この場合には，負の2項分布を使う必要があるかもしれない．

応答変数のデータが「生死」，「倒産・存続」のように 0, 1 で与えられていることもよくあり，これを2値データと呼んでいる．この場合に使われるのがロジスティック回帰と呼ばれる手法である．応答変数が $B(1,p)$ で与えられており，この p をロジット変換した変数を説明変数で回帰しようとするモデルである．ロジスティック回帰モデルは，応答変数が $(0,1)$ の値域にある，いわゆる比率で与えられているデータにも威力を発揮する．比較的，小標本の場合でも分析が可能な強力な方法である．

保険データの中には，損害額の分布や入院日数など正値をとる連続関数を応答変数にもつモデルもある．このような分布にはガンマ分布など第3章でよく出てきた確率分布を用いる．

7.2　自動車保険

　自動車保険の事故統計を例にとって GLM を使った分析例を見てゆくことにする．事故統計は個票ベースでは与えられておらず属性別に集計されている．データは 1973 年第 3 四半期における，ある保険会社の自動車保険加入者と事故による保険金請求件数の記録である．加入者の属性は，4 つの都市に在住する，4 つの排気量クラス（1 L 未満，1〜1.5 L，1.5〜2 L，2 L 超），4 つの年齢群（25 歳未満，25〜29 歳，30〜34 歳，35 歳以上）に分かれており，これらの属性が請求件数にどのような影響があるかを調べたい．まず，それぞれの属性が請求件数とどのような関係があるかをグラフで見ておく（図 7.1）．

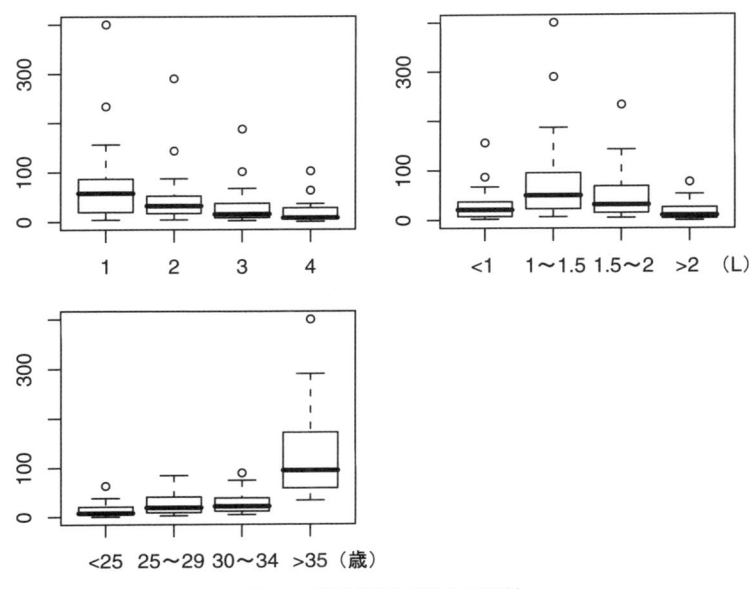

```
library(MASS)
data(Insurance)
attach(Insurance)
par(mfrow=c(1,3))
```

図 **7.1**　請求件数と属性との関係

```
boxplot(Claims~District)
boxplot(Claims~Group)
boxplot(Claims~Age)
```

この図から，地区は 1, 2, 3, 4 の順に事故が少なくなり，排気量は中型車が多く，年齢は高齢者ほど多くなるように見える．しかし，属性間の関係を捨象しているのでこのような見方が正しいかどうかは検証しなければわからない．

次に，分布族を正規分布とする通常の線形回帰モデルを使い，次にポアソン分布とするポアソン回帰モデルで分析し両者を比較する．

```
Ins1<-glm(Claims ~ District + Group + Age + offset(log(Holders)),
data = Insurance, family = gaussian)
summary(Ins1)
##
Call:
glm(formula = Claims ~ District + Group + Age + offset(log(Holders)),
    family = gaussian, data = Insurance)
Deviance Residuals:
    Min      1Q   Median      3Q     Max
-58.361  -27.277   2.145   15.115  192.612
Coefficients:
           Estimate Std. Error t value Pr(>|t|)
(Intercept)   80.54      10.51   7.663 3.46e-10 ***
District2    -30.08      14.86  -2.024  0.04795 *
District3    -50.61      14.86  -3.405  0.00126 **
District4    -64.14      14.86  -4.315 6.84e-05 ***
Group.L      -17.31      10.51  -1.647  0.10541
Group.Q      -45.06      10.51  -4.288 7.50e-05 ***
Group.C       21.05      10.51   2.003  0.05022 .
Age.L         75.60      10.51   7.194 2.00e-09 ***
Age.Q         44.51      10.51   4.235 8.94e-05 ***
Age.C         23.14      10.51   2.202  0.03195 *
---
Signif. codes:  0 '***' 0.001 '**' 0.01 '*' 0.05 '.' 0.1 ' ' 1
(Dispersion parameter for gaussian family taken to be 1767.271)
    Null deviance: 308901  on 63  degrees of freedom
Residual deviance:  95433  on 54  degrees of freedom
AIC: 671.29
##
Ins2<-glm(Claims ~ District + Group + Age + offset(log(Holders)),
```

```
data = Insurance, family = poisson)
summary(Ins2)
##
Call:
glm(formula = Claims ~ District + Group + Age + offset(log(Holders)),
    family = poisson, data = Insurance)
Deviance Residuals:
     Min       1Q   Median       3Q      Max
-2.46558  -0.50802  -0.03198  0.55555  1.94026
Coefficients:
             Estimate Std. Error z value Pr(>|z|)
(Intercept) -1.810508   0.032972 -54.910  < 2e-16 ***
District2    0.025868   0.043016   0.601 0.547597
District3    0.038524   0.050512   0.763 0.445657
District4    0.234205   0.061673   3.798 0.000146 ***
Group.L      0.429708   0.049459   8.688  < 2e-16 ***
Group.Q      0.004632   0.041988   0.110 0.912150
Group.C     -0.029294   0.033069  -0.886 0.375696
Age.L       -0.394432   0.049404  -7.984 1.42e-15 ***
Age.Q       -0.000355   0.048918  -0.007 0.994210
Age.C       -0.016737   0.048478  -0.345 0.729910
---
Signif. codes:  0 '***' 0.001 '**' 0.01 '*' 0.05 '.' 0.1 ' ' 1
(Dispersion parameter for poisson family taken to be 1)
    Null deviance: 236.26  on 63  degrees of freedom
Residual deviance:  51.42  on 54  degrees of freedom
AIC: 388.74
```

この結果から，地区 1, 2, 4, 3 の順に事故率が高くなってゆき，排気量が大きくなるほど事故率が低くなり，年齢は 25 歳未満が一番事故率が高く，30〜34 歳は最低で，それより高齢になると上がってゆくことがわかる．グラフで見た単純な観察とは異なる洞察が得られたことになる．これは，正規でもポアソンでも同じ結果である．両者を比較すると，正規の有意な係数の数はポアソンのそれより多くよいモデルのように見えるが，AIC ではポアソンの方がはるかによい結果となっている（正規が 671.29 に対し，ポアソンが 388.74）．ポアソン回帰を採用すると，リスク細分は District4, Group.L, Age.L について行うのが合理的である．

7.3　自賠責自動車保険

　自賠責自動車保険は，対人自動車事故による死亡に対する賠償金を補償するもので，わが国では強制適用，保険会社の引受義務，ノーロス・ノープロフィット原則などの特徴をもつ特殊な保険となっている．以下に示す例は，オーストラリアの自賠責保険で，第三者請求保険とよばれる保険請求のデータの分析例である (de Jong and Heller, 2008)．応答変数の保険請求数は，地域ごとのすべての人口と自動車事故数によって説明される．説明変数はオフセット変数として規格化されている．

```
         lga sd claims accidents   ki population pop_density
1     ASHFIELD  1   1103      2304  920     124850    0.499001
2       AUBURN  1   1939      2660 1465     143500    0.148379
3    BANKSTOWN  1   4339      7381 3864     470700    0.205407
4 BAULKHAMHILLS 1   1491      3217 1554     311300    0.025879
5    BLACKTOWN  1   3801      6655 4175     584900    0.081222
6       BOTANY  1    387      2013  854     106350    0.178143
7      BURWOOD  1   1299      1888  946      88750    0.413285
--------------------------(以下省略)--------------------------
```

　ポアソン回帰でモデル1を作ると，保険請求数は超過分散 (overdispersion) の傾向があることがわかる．これは，逸脱度が自由度に比べて異常に大きいことから判断される．ポアソン分布は「平均 = 分散」とパラメータが1つしかないので [平均 < 分散] という特性のデータには適用できないことがあり，これを「超過分散」と呼んでいる．これに対処するにはいくつかの方法があるが，分散を平均の一定倍とした負の2項分布を適用するのが1つの方法である．これがモデル2である．モデル2では逸脱度が自由度と同程度にまで改善されている[*2]．両モデルを AIC で比較しても，17066 から 2041.3 と劇的に改善していることで，モデル2の適合性が高いことは明らかである．

```
TP<-read.table("Third_party_claims.txt",header=T)
attach(TP)
```

[*2] しかし，自由度よりも大きいので，さらによいモデルを検討した方がよいかもしれない．

7.3 自賠責自動車保険

```
names(TP)
##model1##
model1<-glm(claims~offset(log(population))+log(accidents),family=poisson)
summary(model1)
##結果1##
Coefficients:
              Estimate Std. Error z value Pr(>|z|)
(Intercept)  -7.093809   0.026992 -262.81   <2e-16 ***
log(accidents) 0.259103  0.003376   76.75   <2e-16 ***
---
Signif. codes:  0 '***' 0.001 '**' 0.01 '*' 0.05 '.' 0.1 ' ' 1
(Dispersion parameter for poisson family taken to be 1)
    Null deviance: 22393  on 175  degrees of freedom
Residual deviance: 15837  on 174  degrees of freedom
AIC: 17066

##model2##
library(MASS)
model2 <- glm.nb(claims ~ log(accidents) + offset(log(population)))
summary(model2)
##結果2##
Coefficients:
              Estimate Std. Error z value Pr(>|z|)
(Intercept)  -6.95443    0.15837  -43.91   <2e-16 ***
log(accidents) 0.25389   0.02472   10.27   <2e-16 ***
---
Signif. codes:  0 '***' 0.001 '**' 0.01 '*' 0.05 '.' 0.1 ' ' 1
(Dispersion parameter for Negative Binomial(5.8309) family taken to be 1)
    Null deviance: 298.16  on 175  degrees of freedom
Residual deviance: 192.33  on 174  degrees of freedom
AIC: 2041.3
Number of Fisher Scoring iterations: 1
              Theta:  5.831
           Std. Err.:  0.671
 2 x log-likelihood:  -2035.255
```

7.4 喫煙者と非喫煙者の死亡率

次の例は,1951年から10年間にわたる調査で得られた喫煙習慣の有無で分類された英国における医師の死亡実績データにもとづく (Dobson, 2002). データ smoker では age で年齢群団（10歳），agecat で代表年齢，smoker で喫煙者かどうか，deaths で死亡者数，popn で人口を表している.

```
smoke<-read.table("smoker.txt",header=T)
names(smoke)
smoke
    age   agecat smoker deaths  popn
1  35-44    40    yes     32  52407
2  45-54    50    yes    104  43248
3  55-64    60    yes    206  28612
4  65-74    70    yes    186  12663
5  75-84    80    yes    102   5317
6  35-44    40    no       2  18790
7  45-54    50    no      12  10673
8  55-64    60    no      28   5710
9  65-74    70    no      28   2585
10 75-84    80    no      31   1462
```

通常のようにポアソン回帰を行うが，人口の対数値をオフセット変数として，年齢については2次式，さらに年齢と喫煙の交叉項も考慮した結果が適合度がよかった（図7.2）.

```
attach(smoke)
result<-glm(deaths~offset(log(popn))+agecat+smoker+I(agecat^2)
+agecat*smoker,family=poisson,data=smoke)
summary(result)
Coefficients:
                  Estimate Std. Error z value Pr(>|z|)
(Intercept)      -1.970e+01  1.253e+00 -15.717  < 2e-16 ***
agecat            3.563e-01  3.632e-02   9.810  < 2e-16 ***
smoker yes        2.364e+00  6.562e-01   3.602 0.000316 ***
I(agecat^2)      -1.977e-03  2.737e-04  -7.223 5.08e-13 ***
agecat:smokeryes -3.075e-02  9.704e-03  -3.169 0.001528 **
```

7.4 喫煙者と非喫煙者の死亡率

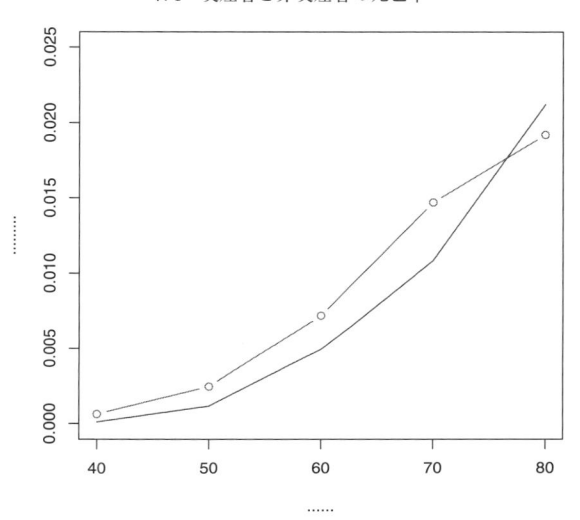

図 **7.2** 喫煙者と非喫煙者の死亡率

```
---
Signif. codes:  0 '***' 0.001 '**' 0.01 '*' 0.05 '.' 0.1 ' ' 1
(Dispersion parameter for poisson family taken to be 1)
    Null deviance: 935.0673  on 9  degrees of freedom
Residual deviance:   1.6354  on 5  degrees of freedom
AIC: 66.703
```

すべての係数が統計的に有意であり，得られた死亡率は喫煙・非喫煙別に次のようになった．前頁の結果で smoker yes の係数が +2.364 であることは，$\exp(2.364) = 10.633$ であるので 10 倍以上死亡率が高くなることを意味する．

- $\mu_{\text{non-smoker}} = n \exp(-0.197 + 0.3563 \text{agecat} - 0.00198 \text{agecat}^2)$
- $\mu_{\text{smoker}} = n \exp(2.167 + 3.255 \text{agecat} - 0.00198 \text{agecat}^2)$

8　第三分野保険

　わが国では，医療・傷害・介護など疾病や傷害を事由として保険金や治療費のための給付金を支払う保険を第三分野保険と称することがある．これは旧保険業法における「人の生死を保険事故とする定額給付」を特徴とする生命保険を第一分野，「モノの損害を保険事故として実際の損害を塡補する給付」を特徴とする損害保険を第二分野とする損害保険の間にあって，どちらにも属さない医療・傷害・介護などに関する保険を第三分野と称するようになったことに始まる．1996年の保険業法の改正までは，第三分野保険は生命保険会社では「定額給付」，損害保険会社では「実損塡補給付」の保険商品とするよう指導があったが，2001年1月に分野規制が撤廃され，いずれの業界も相互参入できることになり，商品に関する規制も撤廃された．

　歴史的には，第三分野保険は，大手生命保険会社では養老保険や終身保険などの死亡保険を主契約とし，それに付加する特約として提供され，中堅中小会社や外資系会社では単独商品（単品）として提供する棲み分けが行われていた時代があったが，現在は大手会社を含め単品型の第三分野保険が飛躍的に増加してきている．

　第三分野保険は当初は災害保障特約，医療保障特約など一般の死亡保険のように標準化された商品が提供されていたが，がん保険のような特化型の単品や複雑な給付をもつ各種医療保険単品が投入されるに至り，消費者にとっては商品内容を理解することが困難なほど多様化・複雑化しつつある．

8.1　第三分野保険のアクチュアリアルな問題点

　少子高齢化社会が進行する中で，医療保険や介護保険などのいわゆる第三分野商品は保険契約者のニーズが高まっている．ところが，この分野は，医療政策などの外的要因や保険契約者の想定外の行動の影響を受けやすく，また，わが国では終身保障タイプの商品が多いことなどから，長期的な不確実性を有しているのではないかとの懸念が従来から識者により指摘されていた．

　しかし，第三分野商品は商品内容が多種多様であり，十分なデータの蓄積もないことから標準死亡率，参考純率といったスタンダードな指標が存在しておらず，公的なデータや各社の実績などから給付事由ごとにその発生率を見込んでいるが，死亡率のように十分，安定的であるとは必ずしもいえない．

　したがって，第三分野の保険事故発生率に関する不確実性に対しては，各保険会社において標準責任準備金による積立を行った上で発生率の事後的な検証により対応してきたが，発生率の事後検証の方法，検証後の対応については，各社の判断に委ねられているのが実情であった．他方，危険準備金についても，リスク係数が一律・機械的に定められているため，各商品のリスクが危険準備金に適切に反映されていないという問題もあった．

　このような問題意識から金融庁は，保険会社において適切なリスク管理が行われ将来の債務履行のための積立が可能となるよう，2005年に「第三分野の責任準備金積立ルール・事後検証等に関する検討チーム」を組織し，その検討結果を踏まえた以下のような枠組みによる積立ルールなどを整備することになった．

　その内容は，第三分野保険の保険事故発生率の不確実性に焦点を当てた「ストレステスト」，「負債十分性テスト」の実施により，責任準備金の十分な積立水準を確保することとされ，保険業法施行規則第87条第1号の2「第三分野保険の保険リスク」に対応するための危険準備金Ⅳの計算に用いる．

　1）ストレステスト

　毎決算期に，商品ごとに予め設定した予定事故発生率が十分なリスクをカバーしているか確認する（図8.1, 8.2）．保険事故発生率の実績などにもとづいてテスト実施期間（10年間）の発生率に関するリスクの99％をカバーする発生率

144   8. 第三分野保険

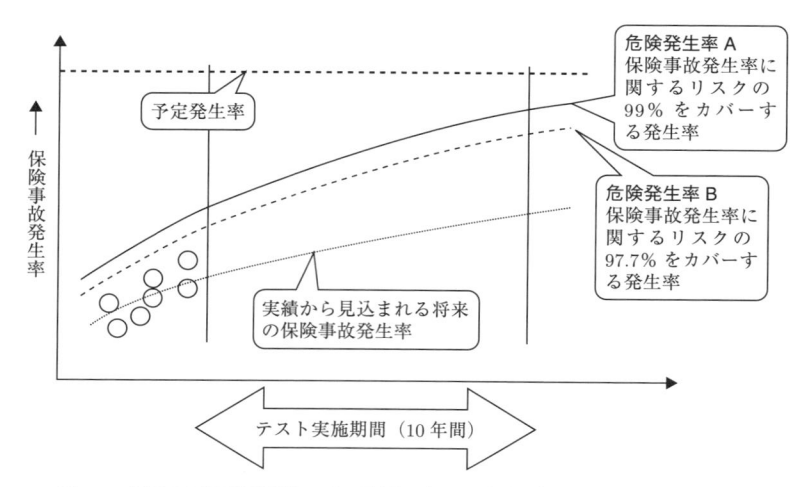

図 8.1 将来の保険事故発生の率の予測のイメージ（予定発生率が十分なケース）
　　　　将来の発生率を推測する際には，年齢・経過年数等を考慮する必要がある．

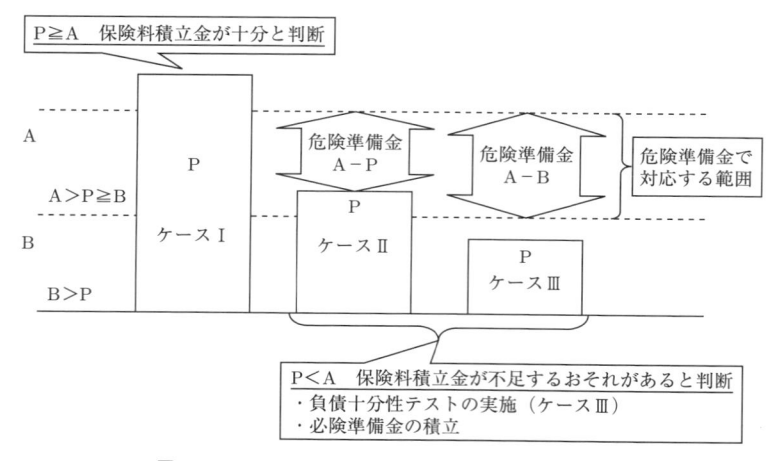

図 8.2 ストレステストのイメージと危険準備金の積立

（危険発生率 A）を予測し，将来発生する保険金額と予定発生率にもとづく保険金額を比較して，予定発生率にもとづく保険金額が大きければ保険料積立金が十分と判断し，逆に，下回っていれば，保険料積立金が不十分として危険準備金を積み立てる．

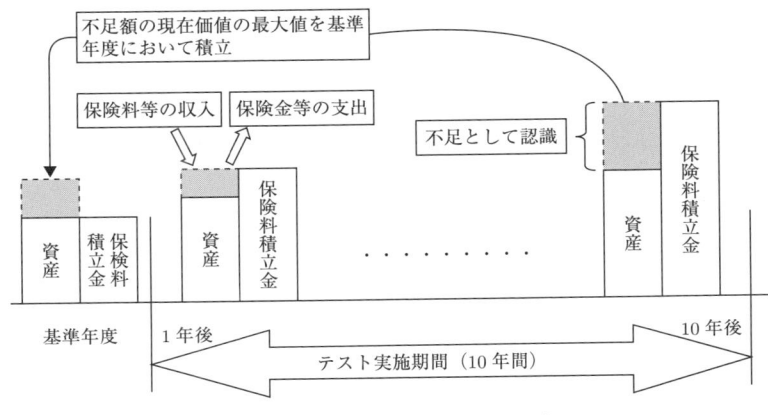

図 8.3 負債十分性テストのイメージ

第三分野の保障内容やリスクの範囲が多岐にわたっており，商品により異なっていることから，保険事故発生率の将来予測において，どのようなモデルを設定するかは，保険会社が合理的に見込むこととする．

2) 負債十分性テスト

ストレステストの結果，予め設定した予定事故発生率では，保険料積立金で対応すべき「通常の予測の範囲内のリスク（新ルールではリスクの 97.7%）」に対応できないおそれがある場合は，「負債十分性テスト」による事後検証を行う（図 8.3）．負債十分性テストでは，「将来収支分析」手法を用いて，初期資産＝保険料積立金として 10 年後の資産額がその時点の保険料積立金の予測額を下回らないかどうかを検証する．

この章では，第三分野の例として，簡単な入院保険を設計し，その商品のストレステストや負債十分性テストを実施するための確率的シミュレーションの方法について具体的に検討してみることにする．

8.2　医療保険の発生率の決定

医療保険の開発にあたっては，本来的には自社や保険業界内の経験データから推計することが望ましいが，十分な実績が得られない場合も多い．そのよう

な場合によく利用されるのが政府機関や病院のデータであるが，その中でも3年に一度，厚生労働省によって実施される「患者調査」は最もよく利用される統計の1つである．患者調査は全国の病院や診療所を対象に，10月の指定した3日間から選んだ1日の入院や外来の患者の調査を行うものである．

ここでは，2005年度の厚生労働省による患者調査データにもとづき，GLMを用いて性別・年齢別の入院受療率と平均入院日数の推定[*1]を行う．

注意したいのは，入院受療率というのは，ある調査した1日に入院している患者数をその時点の全国人口推計値で除した率なので，入院発生率を意味していないということである．x 歳の1年当たりの入院受療率を η_x とし，365日のうち平均入院期間 T_x 中にたまたま調査日があたると考えると，1年間の入院発生率を ξ_x として，以下の関係式が成り立つと考えられる．

$$\eta_x = \xi_x \times \frac{T_x}{365} \tag{8.1}$$

すなわち，受療率とはおおむね，（1日当たりの入院発生率）×（平均入院日数）とみなすことができる．

そこではじめに入院受療率の推定を行うため，性別・5歳群団別の人口10万人当たりの病院の入院受療数のデータにもとづきロジット回帰を行う．データは，以下のように性別 (gender)，年齢群団 (age；代表年齢で表される)，人口10万人当たりの受療率 (ritsu) となっている．

```
juryou<-read.table("juryouritsu.txt",header=T)
attach(juryou)
juryou
##   結果  ##
    gender age ritsu
1        M   0  1056
2        M   2   237
3        M   7   131
4        M  12   119
5        M  17   144
6        M  22   186
```

[*1] 入院受療率は，平成17年患者調査，上巻，第30–1表入院受療率（人口10万対），性・年齢階級・傷病分類別総数，平均入院人数は，同第48表退院患者平均在院日数，性・年齢階級・傷病分類×病院–一般診療所別にもとづく．

-----(以下省略)-----

　次に入院受療数を応答変数とし，性別と年齢の多項式を説明変数として回帰する．このような場合，GLM を使ってロジット回帰する方法は以下のとおりである．まず，全標本をいくつかに区分し，その区分ごとの標本数を成功数と失敗数に分ける．

　今回の場合，全標本を男女別と年齢群団ごとに区分し，入院数と (10 万人 − 入院数) に分ける．このベクトルを cbind を使って 2 列の行列に変換する．この行列を応答変数とし，family=binomial として GLM 回帰すれば結果が得られることになる．

　計算を実行すると，まず性別による差異は説明力がきわめて小さいことがすぐにわかる（genderM の p 値は 0.18 と有意でない）（図 8.4，8.5）．

```
Coefficients:
            Estimate Std. Error  z value Pr(>|z|)
(Intercept) -7.3446623  0.0163042 -450.476   <2e-16 ***
genderM      0.0097934  0.0073457    1.333    0.182
age          0.0541892  0.0002015  268.974   <2e-16 ***
---
Signif. codes:  0 '***' 0.001 '**' 0.01 '*' 0.05 '.' 0.1 ' ' 1
```

そこで性別合算のモデルを採用することにした．次に年齢について多項式の

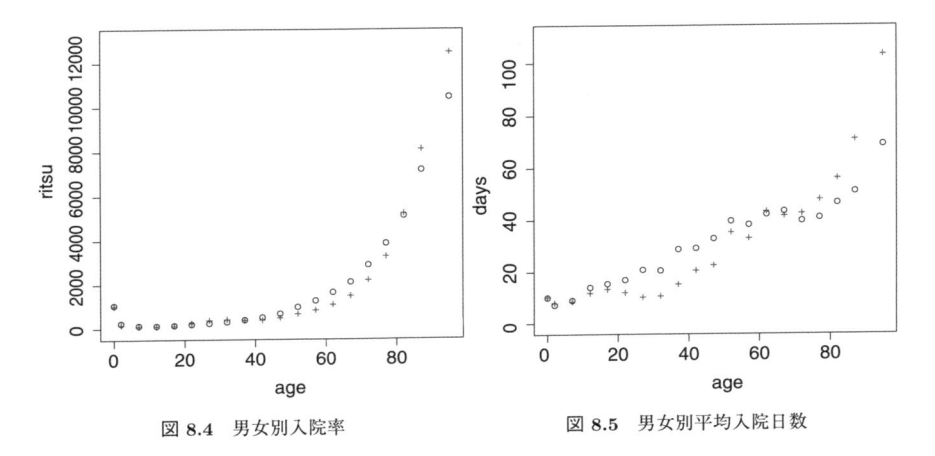

図 8.4　男女別入院率　　　　　　　　　図 8.5　男女別平均入院日数

次数を上げてゆくと AIC がどんどん改善していくことがわかり，結果として $AIC = 1292.9$ で最小となる 12 次式をモデルとして採用した．

```
sa<-100000-ritsu
y<-cbind(ritsu,sa)
result<-glm(y~1+age+I(age^2)+I(age^3)+I(age^4)+I(age^5)+I(age^6)
+I(age^7)+I(age^8)+I(age^9)+I(age^10)+I(age^11)+I(age^12)
,family=binomial)
summary(result)
##   結果  ##
Coefficients:
              Estimate Std. Error  z value Pr(>|z|)
(Intercept) -4.557e+00  2.204e-02 -206.720  < 2e-16 ***
age         -1.350e+00  6.323e-02  -21.344  < 2e-16 ***
I(age^2)     3.413e-01  2.905e-02   11.749  < 2e-16 ***
I(age^3)    -4.674e-02  5.303e-03   -8.814  < 2e-16 ***
I(age^4)     3.805e-03  5.076e-04    7.496 6.57e-14 ***
I(age^5)    -1.944e-04  2.907e-05   -6.687 2.28e-11 ***
I(age^6)     6.504e-06  1.069e-06    6.087 1.15e-09 ***
I(age^7)    -1.462e-07  2.612e-08   -5.596 2.19e-08 ***
I(age^8)     2.224e-09  4.297e-10    5.177 2.26e-07 ***
I(age^9)    -2.261e-11  4.700e-12   -4.810 1.51e-06 ***
I(age^10)    1.471e-13  3.280e-14    4.486 7.24e-06 ***
I(age^11)   -5.546e-16  1.321e-16   -4.199 2.68e-05 ***
I(age^12)    9.210e-19  2.336e-19    3.942 8.07e-05 ***
---
Signif. codes:  0 '***' 0.001 '**' 0.01 '*' 0.05 '.' 0.1 ' ' 1
(Dispersion parameter for binomial family taken to be 1)
```

このモデルによれば入院受療率 η_x は，男女とも以下の関数で表される．ただし，x の各次数の係数は上の計算結果のとおりである．これから年齢別の入院率が求められる．

$$\eta_x = \frac{\exp g(x)}{1+\exp(g(x))}, \quad \text{ただし } g(x) = \sum_{i=0}^{12} a_i x^i \qquad (8.2)$$

平均入院日数についても，データは以下のように性別 (gender)・年齢別 (age) の区分ごとに平均入院日数 (days) が与えられている．

```
  gender age  days
1      M   0  10.1
```

```
2        M    2    7.2
3        M    7    9.0
4        M   12   14.0
5        M   17   15.4
-----(以下省略)-----
```

これも，GLM で分析するが，応答変数はつねに正値をとる連続関数であるため，family 関数としてガンマ分布を用いる．ガンマ関数の標準的なリンク関数は $\frac{1}{\mu}$ であるが，扱いにくいので通常は対数関数 $\log(\mu)$ が使用される．これによって $AIC = 243.32$ の以下のようなモデルが選択される．

```
dayshospi<-read.table("dayshospi.txt",header=T)
glm.days<-glm(days~1+gender+age+age*gender,
family=Gamma(link="log"),data=dayshospi)
summary(glm.days)
Deviance Residuals:
    Min       1Q    Median       3Q      Max
-0.43291  -0.09761   0.01163   0.13000   0.32547
Coefficients:
            Estimate Std. Error t value Pr(>|t|)
genderF      2.013660   0.077174  26.093  <2e-16 ***
genderM      2.363894   0.077174  30.631  <2e-16 ***
age          0.025429   0.001448  17.557  <2e-16 ***
genderM:age -0.005107   0.002048  -2.493  0.0174 *
---
Signif. codes:  0 '***' 0.001 '**' 0.01 '*' 0.05 '.' 0.1 ' ' 1
(Dispersion parameter for Gamma family taken to be 0.0349094)
```

このモデルによると，平均入院日数 T_x は以下のような男女別・年齢別の関数で表される．

$$T_x^M = \exp(2.3639 + 0.02032x) \tag{8.3}$$
$$T_x^F = \exp(2.0137 + 0.02549x)$$

入院発生率についても後のシミュレーションで必要になることから，$\xi_x = \eta_x \times \frac{365}{T_x}$ によって求めておく．以降で用いる記号として，健康=1，入院=2，回復=3 という状態を表し，右肩の 12 は $1 \to 2$ という推移を表す．$\mu_x^{12} = \xi_x$ は，

健康から入院への推移強度ということになる.

さらに，これから入院からの「脱退」，すなわち「死亡」か「回復」への推移強度 $\mu^{2*}(x)$ を，平均入院日数の逆数をパラメータとする指数分布に従うものと仮定する．また，そのうちの「死亡」の推移強度 μ^{23} は，生保標準生命表 2007 の死亡保険の死亡率から求めた死力とする．

$$\mu^{23}_{x+\frac{1}{2}} = -\log(1-q_x), q_x は生保標準生命表 2007（死亡保険用）の死亡率 \tag{8.4}$$

8.3　医療保険の保険料計算

これから，R を使って入院日から給付が始まる入院日額 1 の入院保険の男子の保険料を求める．死亡給付金や手術給付金，健康祝金などの給付がある商品が普通であるが，ここでは入院給付のみを考える．医療保険では脱退率を見込んだ商品も多いが，ここでは死亡率のみを考慮した以下の公式を使う．

$$P = \frac{\sum_{j=0}^{n-1} v^{\frac{1}{2}} D_{x+j} T_{x+j} \xi_{x+j}}{N_{x+n} - N_x} \tag{8.5}$$

予定利率は 1.5%，死亡率には生保標準生命表 2007（第三分野用）の死亡率を用いて，上で求めた入院率と平均入院日数から純保険料を求める．このとき，入院率と平均入院日数の最良推定値と安全割増として上側 97.7% と 99% の信頼区間の値を求めることにする．まず入院率の信頼区間としては，モデルによる残差項の標準偏差が 0.1465 となっていることから，標準正規分布の 2 標準偏差（97.7 パーセンタイル値）と 99 パーセンタイルタイル値を安全割増とする．これをさらにロジット変換で元の値に戻す．平均入院日数についても標準誤差が 0.1795 なので，標準正規分布の 2 標準偏差（97.7 パーセンタイル値）と 99 パーセンタイル値を安全割増とする．入院発生率の安全割増は，入院受療率について安全割増が含まれているため，単に（割増後入院受療率）× $\left(\frac{365}{最良推定平均入院日数}\right)$ で求めた．

これにより，以下のような表（男子）ができる．

8.3 医療保険の保険料計算

	年齢	入院受療率 (x1000 倍)			平均入院日数			入院発生率		
		最良	2σ 増	99% 増	最良	2σ 増	99% 増	最良	2σ 増	99% 増
1	30	3.291	4.403	4.621	19.59	28.02	29.74	0.06133	0.08206	0.08612
2	31	3.382	4.525	4.749	19.98	28.58	30.33	0.06179	0.08267	0.08676
3	32	3.473	4.647	4.877	20.37	29.15	30.93	0.06223	0.08326	0.08738
4	33	3.518	4.707	4.940	20.81	29.77	31.59	0.06171	0.08257	0.08665
5	34	3.563	4.767	5.002	21.24	30.39	32.26	0.06122	0.08190	0.08595
6	35	3.608	4.827	5.065	21.68	31.02	32.92	0.06074	0.08126	0.08528
					(中略)					
26	55	9.456	12.625	13.244	32.55	46.57	49.42	0.10603	0.14156	0.14850
27	56	9.955	13.290	13.941	33.21	47.51	50.42	0.10943	0.14609	0.15324
28	57	10.455	13.955	14.638	33.86	48.45	51.41	0.11270	0.15043	0.15780
29	58	11.053	14.750	15.472	34.58	49.48	52.51	0.11666	0.15567	0.16329
30	59	11.652	15.545	16.305	35.31	50.52	53.61	0.12045	0.16070	0.16855
31	60	12.250	16.340	17.138	36.03	51.55	54.71	0.12409	0.16552	0.17360

入院保険契約は，60歳満期とし，30～55歳までの年払保険料を求める．日本の実務では2標準偏差の安全割増が上乗せされることが普通であるので97.7パーセンタイルの値を以降の計算例では利用する．最良推定の保険料とは2倍近くの差があることがわかる．計算プログラムの一部と結果の出力は以下のとおりである（表8.1）．

```
mort3<-read.table("3mort.txt",header=T)
px<-1-mort3[,2];lx<-dx<-m1x<-m2x<-m3x<-Dx<-rep(0,31);lx[1]<-100000
for (i in 1:30){
lx[i+1]<-px[i]*lx[i]
dx[i]<-lx[i]-lx[i+1]
m1x[i]<-lx[i]*nyuinbe[i]*365
m2x[i]<-lx[i]*nyuin977[i]*365
m3x[i]<-lx[i]*nyuin99[i]*365
```

表 8.1 入院保険の年払保険料

年齢	最良推定 (P1)	安全割増 2σ(P2)	安全割増 99 % (P3)
30	2.050	2.740	2.875
35	2.253	3.011	3.159
40	2.527	3.376	3.542
45	2.890	3.860	4.049
50	3.325	4.439	4.657
55	3.801	5.074	5.322

表 8.2 入院保険の保険料積立金

年齢	V	V2σ	V99
30	0.0000	0.0000	0.0000
31	0.8580	1.1448	1.2007
32	1.6704	2.2287	2.3376
33	2.4385	3.2533	2.3376
34	3.1793	4.2415	4.4487
35	3.8936	5.1943	5.4480
40	7.0058	9.3452	9.8014
45	8.8408	11.7907	12.3658
50	8.5470	11.3950	11.9501
55	5.5945	7.4554	7.8179
60	0.0000	0.0000	0.0000

```
}
e<-c(0:30)
v<-1/1.015
Dx<-v^e*lx
M1x<-v^e*m1x
P1<-rep(0,26)
for(i in 1:26){
P1[i]<-v^0.5*sum(M1x[i:30])/sum(Dx[i:30])
}
-----------(以下同じなので省略)-----------
```

結果は表 8.2 のとおりである．ついでに，30 歳加入の入院保険の責任準備金も求めておこう．V2σ が 2 標準偏差の安全割増がある責任準備金を表している．

```
V1<-rep(0,30)
for(i in 1:30){
V[i]<-v^0.5*sum(M1x[i:30])/Dx[i]-P1[1]*sum(Dx[i:30])/Dx[i]
}
--------------------(以下同じなので省略)--------------------
```

8.4　医療保険の確率論的シミュレーション

この節では，前の節で設計した具体的な医療保険商品の下で決定した保険料の十分性の検証やストレステスト，負債十分性テストなどを確率論的シミュレー

8.4 医療保険の確率論的シミュレーション

ションの手法を利用しながら考察してゆくことにする．特に，計算基礎の推定が難しい医療保険などのモデルについては，以下のようなリスクについて十分な考慮が必要とされる．

1) モデル誤差：真のモデルは確実に知られてはおらず，通常は実世界の近似にすぎないために起こる過誤．
2) パラメータ誤差：過去の観察データが十分に収集できず，パラメータの多くが不確実であるために起こる過誤．
3) 確率論的誤差：モデルとパラメータが正しくとも，目標量は平均についてランダムな変動があることにより起こる過誤．

これから検討するのは，特に医療保険についての3番目のリスク，確率論的誤差を評価することである．

記号の定義

状態 j ：$(j=1,2,3)$ はそれぞれ（健康，病気，死亡）を表す．

x 歳の人：(x) で表す．

μ_x^{ij} ：(x) が状態 i から状態 j になる推移強度（x について連続であると仮定）．例えば μ_{30}^{12} は，30歳の人が健康な状態から病気になる罹病力を表す．

${}_tp_x^{ij}$ ：(x) が t 年後に状態 i から状態 j に推移する確率

$S(x)$ ：(x) の現在の状態を表す（ex. $S(x)=1 \Rightarrow (x)$ が健康）．

x_1 ：加入年齢

x_2 ：最終年齢

ここで，以下の関係が成立することは簡単に確かめられる．

$${}_tp_x^{ij} = P(S(x+t)=j|S(x)=i),\ i,j \in \{1,2,3\}$$

$$\mu_x^{ij} = \lim_{t \to 0} \frac{{}_tp_x^{ij}}{t}$$

加入者の状態履歴のシミュレーション

まず，健康状態にある1人の (x) が，加入時点から経過年数を経て，病気に罹り，回復して仕事に復帰し，また病気になり，最後に死亡か満期に至るまでの過程を確率モデルで記述することを考える．これは，3状態の連続型マルコフモデルと考えられ，状態の推移強度が μ_x^{ij} で与えられているものと考える．

1. x_1 から出発し，x_2 で終わる，状態 $S(x_1) = 1$ とする．
2. $\alpha = \max_{x_1 \leq t \leq x_2}(\mu^{s*}(t))$
3. 一様乱数 u_1 を生成する．
4. $t = \frac{-\log(1-u_1)}{\alpha}$
5. $x = x_1 + t$
6. $x > x_2 \Rightarrow s = 1$ とし止まる．
7. $x \leq x_2 \Rightarrow p_1 = \frac{\mu^{s*}(x)}{\alpha}$
8. 一様乱数 u_2 を生成する．
9. $u_2 < p_1 \Rightarrow$ 最初の脱退が時点 t で起こる．
10. $p_2 = \frac{\mu^{s3}(x)}{\mu^{s*}(x)}$
11. 一様乱数 u_3 を生成する．
12. $u_3 \leq p_2 \Rightarrow$ 入院，2. に戻る．
13. $u_3 > p_2 \Rightarrow$ 死亡

R による計算例 33（加入者 1 人の状態履歴のシミュレーション）

(30) が健康状態から (60) になるまでに病気，回復または死亡の状態にどう推移するかシミュレートする．非斉時ポアソン分布で紹介したシンニング手法を利用する．死亡や病気の発生は頻繁には起こらないため，試行回数はある程度繰り返さないと価値のある情報は得られない．ここでは 100 回試行する．簡単のため，入院日数は平均入院日数だけ入院すると仮定している．

```
## force of transition##
mort3<-read.table("3mort.txt",header=T)
mort<-read.table("shibouritu07M.txt",header=T)
x<-30:60
mu13<--log(1-mort3[1:31,2])
mu23<--log(1-mort[x+1,2])
mu21<-1-mu23
mu12<-hbe
#data.frame(mu12,mu13,mu23,mu21)
## calculation
sumd12<-sumd21<-sumd13<-sumd23<-0
for(j in 1:100){
d12<-d21<-d13<-d23<-sumtau<-0
x<-30;t<-0;tau<-0;age<-c(1:31)
```

8.4 医療保険の確率論的シミュレーション

```
cat("j");print(j)
for(i in 1:30){
alpha<-max(mu12[age]+mu13[age])
u0<-runif(1)
t<--log(1-u0)/alpha
if(t>=60-x){}
else{
x<-x+t
y<-floor(x)-29
p1<-mu12[y]/(mu12[y]+mu13[y])
u1<-runif(1)
nyuin<-(sign(p1-u1)+1)/2  #入院
d12<-d12+nyuin #累積入院数
d13<-(sign(u1-p1)+1)/2      #死亡1
if(nyuin==1){
p2<-mu21[y]/(mu21[y]+mu23[y])
u2<-runif(1)
d21<-(sign(p2-u2)+1)/2+d21 #回復
d23<-(sign(u2-p2)+1)/2    #死亡2
tau<-exp(2.3639+0.02032*x)
sumtau<-tau+sumtau
x<-x+tau/365
}else{}
print(x)
}
%sumd12<-sumd12+d12
%sumd21<-sumd21+d21
%sumd13<-sumd13+d13
%sumd23<-sumd23+d23
}
cat("sumtau");print(sumtau)#延べ入院日数
cat("d12");print(d12)#各状態の発生数の出力
cat("d13");print(d13)
cat("d21");print(d21)
cat("d23");print(d23)
}
%sumd12
%sumd21
%sumd13
%sumd23
##結果##
```
2回目と3回目の結果を示す.

```
j[1] 2
[1] 32.6916      #入院した年齢を表す（以下同じ）
[1] 37.84849
[1] 38.5337
[1] 44.90502
[1] 53.50055
[1] 55.01676
[1] 57.73957
[1] 58.959
[1] 59.08464
sumtau[1]  226.6288 #延べ入院日数
d12[1]  8    #入院回数
d13[1]  1    #最後に死亡
d21[1]  8    #回復回数
d23[1]  0
j[1] 3
[1] 34.49336
[1] 35.84144
[1] 50.09266
[1] 59.83789
[1] 59.97627
sumtau[1]  144.4693
d12[1]  5
d13[1]  0
d21[1]  5
d23[1]  0
```

それぞれの加入員の入院回数，延べ入院日数，死亡（入院前，入院後），退院回数を出力する．2番目の加入員は，8回の入院で述べ227日間在院したが満期の前に他界した．3番目の加入員は5回の入院で述べ144日入院したが無事，満期を迎えたことを示している．また，100回の試行の累計では，入院数は17163，回復数は17111，健康死亡は83，病気死亡は13となっている．

R による計算例 34（加入者集団の状態履歴のシミュレーション）━━━

1人の状態履歴を追うのではなく，集団の状態履歴を見ようとするものであるが，シミュレーションの方法はほとんど同じである．ただ，加入者集団のデータであり，加入から満期までの人口の動態に興味があるので，死亡数，入院数，退院数を数え上げるようにプログラムを改訂する．なお，この例では，保険契

8.4 医療保険の確率論的シミュレーション

約の解約や失効は考えないものとする．途中で sign を使って発生確率と乱数の大小により入院発生の有無を判定している．

```
## force of transition##
mort3<-read.table("3mort.txt",header=T)
mort<-read.table("shibouritu07M.txt",header=T)
x<-30:60
mu13<--log(1-mort3[1:31,2])
mu23<--log(1-mort[x+1,2])
mu21<-1-mu23
mu12<-hbe
sick<-death1<-death2<-recover<-rep(0,30)
age<-c(1:31)
lx<-c(1000,rep(0,30))
for(i in 1:30){
u1<-runif(lx[i])     #残存者分の乱数発生
L<-rep(1,lx[i])
sick[i]<-sum((sign(mu12[i]*L-u1)+1*L)/2)    #入院（mu12と乱数の大小で入院かどうか判定）
death1[i]<-sum((sign(mu13[i]*L-u1)+1*L)/2) #健康者死亡
S<-rep(1,sick[i])
u2<-runif(sick[i])
p2<-mu21[i]/(mu23[i]+mu21[i])
recover[i]<-sum((sign(p2*S-u2)+1*S)/2) #回復
death2[i]<-sum((sign(u2-p2*S)+1*S)/2) #非健康者死亡
lx[i+1]<-lx[i]-sick[i]+recover[i]-death1[i]-death2[i]
}
lx
sick;recover;death1;death2
sum(sick);sum(death1+death2)
> lx
 [1] 1000 1000 1000 1000 1000  999  998  998  998  998  998  997  996  992
[15]  991  991  991  990  988  986  984  982  976  970  964  961  956  952
[29]  946  936  931
> sick
 [1]  63  59  62  68  65  59  58  66  61  56  67  75  69  56  76  66  75
[18]  65  80  95  83  88  85 102  97 111  99 112 120 112
> recover
 [1]  63  59  62  68  65  59  58  66  61  56  67  75  69  56  76  66  75
[18]  65  80  95  83  86  85 100  97 111  99 112 118 112
> death1
 [1] 0 0 0 0 1 1 0 0 0 0 1 1 4 1 0 0 1 2 2 2 2 6 2 3 5 4 6 6 5
```

```
> death2
 [1] 0 0 0 0 0 0 0 0 0 0 0 0 0 0 0 0 0 0 0 0 0 0 2 0 2 0 0 0 0 2 0
> sum(sick)
[1] 2350
> sum(death1+death2)
[1] 63
```

入院した人のほとんどが退院し，入院後の死亡は6人だけである．入院者数と死亡者数はそれぞれ，30年で2350人と63人であり，1年当たり7.7%, 0.2%なので妥当な水準であろう．全体の8割以上の人が満期まで健康な状態でいることがわかる．

8.5　ストレステストと負債十分性テスト

それでは，いままでの入院保険の事例を使って，確率論的シミュレーションを用いたストレステストと負債十分性テストをやってみることにしよう．実用的なモデルとするためには，より細かい検討が必要となるが，ここでは単純なモデル例で考える．

保険料や責任準備金の前提のほかに，キャッシュフローモデルについての前提条件を付け加えることにする．

- 保険年度 $(t,t+1)$ において収入キャッシュフローは年始に，支払キャッシュフローは年央に起こると仮定する．すなわち，シミュレーション j の加入者集団のキャッシュフローは，例えば以下のように表される．ただし，以下のシミュレーションでは，W, Y, Z は考慮しない．

$$CF_t^j = P_t^j - C_t^j - (W_t^j + Y_t^j + Z_t^j)$$

ここで，$P_t^j = $ 保険料総額，$C_t^j = $ 給付金支払総額，$W_t^j = $ 解約返戻金支払額，$Y_t^j = $ 毎年の維持費，$Z_t^j = $ 新契約費．

- 積立金の運用は，すべて無リスクの金利商品で運用するものとし，利回りは固定の年利 $r = 1.5\%$ とする．
- ストレステストでは，10年テスト期間中の保険金支払総額の分布の97.7パーセンタイル値と99パーセンタイル値が，10年後の保険料積立金の予

測値を下回ることがないかを検証する．
- 負債十分性テストでは，10年後に積立金の分布が保険料積立を下回る確率を考えることにする．

R による計算例 35（ストレステストと負債十分性テスト）

全員 30 歳である被保険者数 1000 人の加入者履歴のシミュレーションプログラムを少し書き換えるだけでよい．

1) ストレステストでは，入院発生数に入院給付日額を掛けた入院給付支払額を計算するように書き換える．
2) 負債十分性テストでは，保険料などその他のキャッシュフロー項目も計算する．

以下，1000 回のシミュレーションを実施した結果を説明する．

■ストレステスト　まず，ストレステストでは，10 年間のテスト期間中の支払保険金額の分布を予測し，その 97.7 パーセンタイル値と 99 パーセンタイル値が予定保険金額に不足しているかどうかを検証する．不足していれば，危険準備金あるいはさらには保険料積立金の積み増しが必要である．この例では，入院日額は 1 としているので，10 年間の入院発生数の分布を見て，上位 23 番目と 10 番目の値をそれぞれ 97.7 パーセンタイル値と 99 パーセンタイル値と考える．

加入員 1000 人の 10 年間の予定保険金支払総額は，97.7 パーセンタイル値の入院受療率を使って計算する．これは，保険料の計算のときに使った m2x からすぐに求められ，17526 である．これを上回る数と 97.7 パーセンタイル値と 99 パーセンタイル値を計算する．実際には最近のデータで入院率や平均入院日数を推計し直したものでストレステストを実施するが，ここでは簡単のため，将来の入院受療率が 97.7 パーセンタイル値と 99 パーセンタイル値に増加すると見込まれる場合の計算をしてみることにする．これは，それぞれ最良推定値の 1.33 倍，1.4 倍になった場合に相当する．そこで，最良推定値の 1.2 倍，1.25 倍になった場合も計算する．

結果は表 8.3 のとおりである．現在の最良推定値どおりに入院が発生するのであれば予定保険金額を超えるシナリオはない．1.25 倍でも 16 のシナリオのみが上回るだけである．この場合の 97.7 パーセンタイル値は 17432 で予定支

表 8.3 入院率を変化させたときのストレステスト

前提条件	上回る数	97.7%	99%
1) 現在の最良推定値	0	14072	14188
2) 97.7 パーセンタイル値	463	18703	18883
3) 99 パーセンタイル値	920	19591	19739
4) 最良推定値 ×1.2	0	16873	17083
5) 最良推定値 ×1.25	16	17432	17650

払額を下回っているので保険料積立金を積み増す必要はないが，99 パーセンタイル値は 17650 で予定支払額を上回っているので，危険準備金の積み増しが必要である．それより高くなると，97.7 パーセンタイル値でも予定支払額を上回るので，保険料積立金の追加積立が必要となる．実績率が 97.7 パーセンタイル値の場合には 463, 99 パーセンタイル値の場合には 920 と予定支払額を上回るシナリオ数が激増する[*2]．

■**負債十分性テスト** 次に，負債十分性テストを考える．被保険者一人当たりの 10 年後の終価と保険料積立金（97.7 パーセンタイル値の 9.345）を比較する．前提条件としては，初期資産＝初期保険料積立金はゼロからスタートする．

ストレステストをクリアできなかった 97.7 パーセンタイル値，99 パーセンタイル値のケースを見ることにする．

確かにどちらのケースも 9.345 を 97.7 パーセンタイル値で 13 シナリオ，99 パーセンタイル値で 283 シナリオが下回っている．負債十分性テストをクリアするためには，99 パーセンタイル値の場合には初期資産 885.6[*3]を必要とする（表 8.4）．

次に，給付額が 99 パーセンタイル値の場合でほかの前提条件を変えてみて，

表 8.4 負債十分性テスト

前提条件	下回る数	Min.	99 %	99.7 %	1st Qu.
97.7 パーセンタイル値	13	8.566	9.227	9.397	10.220
99 パーセンタイル値	283	7.255	8.172	8.391	9.257
前提条件	Median	Mean	3rd Qu.	Max.	
97.7 パーセンタイル値	10.570	10.600	11.010	12.560	
99 パーセンタイル値	9.702	9.708	10.180	11.990	

[*2] このシミュレーションで判明したこととして，97.7 パーセンタイルと 99 パーセンタイルの差は微妙であり，モデルによって大きな差異が生じうることが示唆される．

[*3] $(9.345 - 8.391) \times 1000 \times \frac{1}{1.015^{10}}$

表 8.5 保険料引き上げ,利回り上昇の効果

前提条件	下回る数	Min.	99%	99.7%	1st Qu.
P5% 引き上げ	3	9.171	9.625	9.925	10.790
利回り 3%	61	8.227	8.733	8.975	10.080
前提条件	Median	Mean	3rd Qu.	Max.	
P5% 引き上げ	11.220	11.200	11.610	13.280	
利回り 3%	10.570	10.530	11.000	13.470	

どの程度の改善が見られるかを検証する.

1) 保険料を 5% 引き上げた場合
2) 利回りが 3% の場合

結果は表 8.5 にまとめた.保険料を引き上げた場合には大幅な改善となり積み増しは不要であるが,利回りが 3% になっても改善効果は大きくないため,やはり積み増しが必要となる.

9　変額年金

　わが国で変額年金保険の販売が開始されたのは 1999 年からであり，その後，2002 年の銀行窓販開始により急速に拡大したが，金融危機の影響による株価下落によって 2007 年以降は販売停止に踏み切る会社も続出し，2010 年現在，販売は低迷している状況にある．しかし，変額年金は従来の保険数理の革新を迫る画期的な商品であることに間違いはなく，今後も幾多の試練を乗り越えて進化してゆくことが期待されている．

9.1　変額年金の概要

　日本で変額年金と呼ばれる商品は，米国の variable annuity の翻訳であり，英国など欧州ではユニットリンク保険 (unit-linked insurance)，カナダでは分離ファンド (segregated funds) と呼ばれている．その特徴は，契約者が一時払，あるいは平準払で保険料を払い込むと，販売手数料差引後の資金が契約者勘定に投資される．契約者勘定では資金を株式などの投資信託で運用するが，毎期[*1)]，管理手数料が引き落とされて保険会社勘定に移管される．通常の投資信託と異なるのは給付に対し何らかの保証がついていることである．その保証内容は，例えば GMMB のように表され，GM は "guranteed minimum"（最低保証）を表しており，MB は "maturity benefit"（満期給付）を表すという用語法が使われる．主な保証内容は以下のようなものであるが，この組み合わせやもっと複雑なものもある．給付の保証があるということは，保険会社から見ると契約者勘定の残高が保証額を下回った場合には，保険会社がその金額を

[*1)]　以下のシミュレーションでは月次としているが，実際には日々決済されるようである．

9.1 変額年金の概要

支払う必要があるということである．

このような取引はデリバティブの一種でプットオプションと呼ばれる．この取引は，資産価格 S が契約上で予め決められた価格 K (行使価格という) より下がった場合に $K-S$ を支払うが，K より高ければ何も支払わないという取引である．GMMB の場合には，満期 T 時点のみで行使ができ資産価格 S_T を基準に以下の金額の支払を行う．このようなオプションをヨーロッパ型という．

$$P = \max(S_T - K, 0)$$

言い換えると，満期保証を提供する保険会社はヨーロッパ型のプットオプションの売りの状態にあるということであり，この危険保険料 (オプション料) を契約者から支払ってもらう必要がある．したがって，管理手数料の中には，事務手数料だけでなく危険保険料も含まれている．

1) **最低満期保証給付**(GMMB：maturity benefit)
   保険契約者に対して満期時に決められた最低金額を保証する．つまり満期時にファンドが最低保証金額を下回った場合は保証金額が支払われる．ファンド価格が保証金額を上回った場合は，その金額が支払われる．

2) **最低死亡保証給付**(GMDB：death benefit)
   契約期間中に死亡した場合，所定金額を最低保証する．最低保証額は，単に既払込保険料もしくは一定の割合で増加する．

3) **最低積立金保証給付**(GMAB：accumulated benefit)
   契約者は契約の満期時に，満期契約の満期保険金に合った新たな保証水準で保険契約を更新する権利がある．これは解約・再加入オプションの一種である．

4) **最低解約保証給付**(GMSB：surrender benefit)
   所定日以降の解約返戻金を最低保証する．

5) **最低年金額保証給付**(GMIB：income benefit)
   GMIB は分離勘定で累積された額が，保証利率で年金移行されることを保証する．

ほとんどの商品が一時払保険料を払い込み，保証額はその一時払保険料の一定割合とする場合が多い．一定割合は 100% とする場合や，それより大きい場合

も小さい場合もある．また，保証額が毎年切り上がるタイプのものや，積立金の過去の最大値を保証するタイプのような，エキゾチックなオプションが組み込まれている商品も開発され，きわめて複雑な仕組みのものも多い．

記号の定義

以下に本章で使用する記号の定義を説明しておくことにしよう．

G_t ：時刻 t における投資金額単位当たりの最低保証給付額を表す．

F_t ：時刻 t の分離勘定の時価を表す．F_{t-} は t 月末の月末処理前のファンド，F_{t+} は月末処理後のファンドを表す．

S_t ：時刻 t の株価を表す．S_t は時点 0 から時点 t までの累積収益率係数である．

m ：m は分離勘定から控除される 1 か月当たりの管理手数料率を表す．最低保証コストの財源として使用できる部分変数は m_c で，危険保険料と呼ばれる．

M_t ：危険保険料からの t 時点の収入額を表す．

変数の関係式

それぞれの変数間に以下の関係式が成り立つことはすぐに確かめられよう[*2]．まず，毎月はじめに危険保険料が受領されると仮定する．

$$F_{t-} = \frac{S_t}{S_{t-1}} F_{(t-1)+} \tag{9.1}$$

$$F_{t+} = F_{t-}(1-m) = F_{(t-1)}(1-m)\frac{S_t}{S_{t-1}}$$

整数 t，u に対して，$(t, t+u)$ で現金の注入がないと仮定すれば，

$$F_{(t+u)+} = F_t \frac{S_{t+u}(1-m)^u}{S_t} \tag{9.2}$$

F_0 を評価基準日におけるファンド価格とすると，

$$F_t = F_{0-} \frac{S_t(1-m)^t}{S_0} \tag{9.3}$$

危険保険料は最低保証給付の財源として配分される収入である．

[*2] Hardy (2003) の記法にもとづく．以下の説明も本書に負うところが大きい．

$$M_t = m_c F_{t^-} \tag{9.4}$$
$$= m_c F_{0^-} \frac{S_t (1-m)^t}{S_0}$$

R による計算例 36（変額年金の損益シミュレーション）

以上までの説明にもとづいて，5 年満期の GMMB と GMDB を組み合わせた変額年金について，契約者勘定のファンドと保険会社勘定の損益がどうなるか決定論的なシミュレーションの例を与えることにする[*3)]．

一時払保険料は 1000 万円で 3% は保険会社の初年度手数料として差し引き，残額が契約者勘定のファンドで運用される．翌月から，保険会社は毎月の期末残高の 0.25% を管理手数料として徴収する．保険期間中の死亡に対し，ファンド残高を支払うが，最低保証として 1000 万円を下回ることはない．解約返戻金は，初年度は残高の 90%，次年度は 95% であるが，それ以降は 100% 保証される．満期時点においても 1000 万円が最低保証される．

前提条件
- 死亡：死力は一定で年率 0.006 とする．
- 死亡給付：月末支払とする．
- 解約：月末のみに発生し，初年度は月率 0.004，次年度は 0.002，それ以降は 0.001 とする．
- 利率：契約者勘定は年率 8%，会社勘定は年率 5% で利殖される．
- 初期コスト：一時払保険料の 2.5%
- 次年度以降コスト：一時払保険料の 0.008% と契約者勘定残高の 0.01%．

すなわち，契約者勘定では期待収益率 8% で積立金が増殖するという決定論的なシミュレーションになっている．まず契約者勘定のファンドの変化を見てゆく．

```
premium<-10000000;expense0<-0.03;expense1<-0.025  ##データ入力##
expense2<-0.008/100;expense3<-0.01/100
interest1<-(1.08)^(1/12)-1;interest2<-(1.05)^(1/12)-1
##policyholders' account##
F<-rep(0,62)
mc<-profit<-interest<-rep(0,61)
F[1]<-premium*(1-expense0);interest[1]<-F[1]*interest1
```

[*3)] この例は，Dickson, Hardy and Waters(2009) の Example12.2(p.378) を改変して作成した．

```
F[2]<-F[1]-mc[1]+interest[1]
for(i in 2:61){
mc[i]<-F[i]*0.0025
interest[i]<-round((F[i]-mc[i])*interest1)
F[i+1]<-F[i]-mc[i]+interest[i]
}
Fkishi<-F[1:61]
Fkimatsu<-F[2:62]
data.frame(Fkishi,mc,interest,Fkimatsu)
     Fkishi       mc     interest   Fkimatsu
1   9700000     0.00    62410.09    9738160
2   9738160 24345.40    62499.00    9776314
3   9776314 24440.78    62744.00    9814617
----------------(中略)----------------
59 12169571 30423.93    78104.00   12217251
60 12217251 30543.13    78410.00   12265118
61 12265118 30662.79    78717.00   12313172
```

次に会社勘定の損益を見る（図 9.1）．現在価値で見ると 11 万 5 千円程度の利益となっている．

```
##insurers' account##
cost<-round(premium*expense0);ren.exp<-round(premium*expense2)
int<-round(cost*interest2)
DB<-round((10000000-F[2])*(1-exp(-0.006/12)))
lapse<-round(0.004*exp(-0.006/12)*0.1*F[2]);ini.exp<-premium*expense1
```

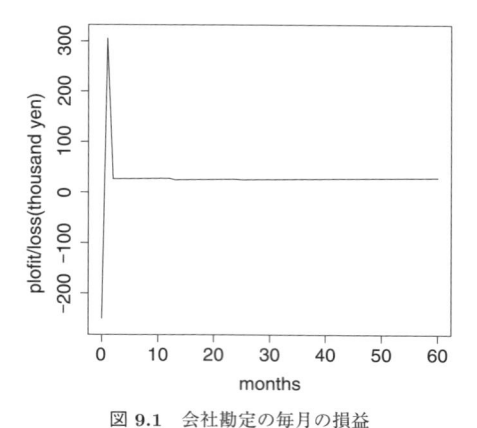

図 9.1　会社勘定の毎月の損益

9.1 変額年金の概要

```
(profit[1]<--ini.exp)
[1] -250000  ##初期費用##
profit[2]<-cost+ren.exp+int-DB+lapse
c(cost,ren.exp,int,DB,lapse,profit[1])
[1] 300000    800   1222    119   3903 305806 ##1月目##
for(i in 3:13){
ren.exp<-round(premium*expense2+F[i]*expense3)
int<-round((mc[i]+ren.exp)*interest2)
DB<-round(max(10000000-F[i],0)*(1-exp(-0.006/12)))
lapse<-round(0.004*exp(-0.006/12)*0.1*F[i])
profit[i]<-mc[i]-ren.exp+int-DB+lapse
print(c(mc[i],ren.exp,int,DB,lapse,profit[i]))
}
[1] 24501.65 1780.00 107.00 100.00 3918.00 26646.65 ##3月目##
--------------------------(以下省略)--------------------------
for(i in 14:25){
ren.exp<-round(premium*expense2+F[i]*expense3)
int<-round((mc[i]+ren.exp)*interest2)
DB<-round(max(10000000-F[i],0)*(1-exp(-0.006/12)))
lapse<-round(0.002*exp(-0.006/12)*0.05*F[i])
profit[i]<-mc[i]-ren.exp+int-DB+lapse
print(c(mc[i],ren.exp,int,DB,lapse,profit[i]))
}
[1] 25578.54 1823.00 112.00   0.00 1023.00 24890.54 ##14月目##
--------------------------(以下省略)--------------------------
for(i in 26:61){
ren.exp<-round(premium*expense2+F[i]*expense3)
int<-round((mc[i]+ren.exp)*interest2)
DB<-round(max(10000000-F[i],0)*(1-exp(-0.006/12)))
lapse<-0
profit[i]<-mc[i]-ren.exp+int-DB+lapse
print(c(mc[i],ren.exp,int,DB,lapse,profit[i]))
}
[1] 26807.37 1872.00 117.00   0.00   0.00 25052.37 ##26月目##
--------------------------(中略)--------------------------
[1] 30739.16 2030.00 134.00   0.00   0.00 28843.16 ##最終##

p1<-(1-0.004)*exp(-0.006/12);p2<-(1-0.002)*exp(-0.006/12)
p3<-(1-0.001)*exp(-0.006/12)
surv<-c(1,1,p1^(1:11),p1^11*p2^(1:12),p1^11*p2^12*p3^(1:36))
pai<-profit*surv
v<-((1/1.12)^(1/12))^(0:60)
```

```
sum(pai*v)
[1] 1149806
```

次に，契約者勘定が RSLN2 に従う株式収益率で運用されるとした場合にどうなるかを見てゆこう．パラメータは月率で第1局面の平均 $\mu_1 = 0.012$, 標準偏差 $\sigma_1 = 0.035$, $p_{12} = 0.04$, 第2局面の平均 $\mu_2 = -0.016$, 標準偏差 $\sigma_2 = 0.075$, $p_{21} = 0.019$ とする[*4)]．

```
p12<-0.037;p21<-0.19;pi1<-p12/(p12+p21)
Y<-rep(0,61)
mu<-c(0.012,-0.016);sigma<-c(0.035,0.075)
z<-rnorm(1);u<-runif(1)
if(u<pi1){rho<-1
}else {rho<-2}
Y[1]<-mu[rho]+sigma[rho]*z
for (i in 2:61){
u<-runif(1)
if(rho<2&u>p12){rho<-1
} else {rho<-2}
if(rho>1&u>p21){rho<-2
}else {rho<-1}
z<-rnorm(1)
Y[i]<-mu[rho]+sigma[rho]*z
}
```

1000 回のシミュレーションを実行すると次のような結果が得られた．すなわち，ほとんどのシナリオでは十分な収益性を確保できるが，少数のシナリオ（60 個）では極端な損失が生ずることがある．これは株価が大幅に下落し，満期時点の残高が保証額を下回る場合に発生する．最大で 253 万円と 3 割近く下回っており，潜在的にはこのような巨額損失のリスクを抱えていることを認識すべきであろう．

```
> summary(kekka)
    Min.  1st Qu.   Median    Mean  3rd Qu.     Max.
 -2532000  1017000  1208000  1094000  1363000  2176000
> sd(kekka)
```

[*4)] カナダ株式市場 TSE (1956–2001) からの推計にもとづく．

[1] 546753.9

9.2　最低保証オプションの評価

　変額年金は，契約者から見ると投資信託とそのプットオプションの買い，保険会社から見るとプットオプションの売りであるから，正当なオプション料を受け取る必要がある．このオプション料は危険保険料と呼ばれ，管理手数料の一部として徴収されていることはすでに説明した．それでは合理的な危険保険料はどのように算出すればよいだろうか．

　ヨーロッパ型のプットオプションの価格式は，以下の前提の下でBlack–Sholes–Merton(BSM)の公式として，よく知られている．

- 資産価格 S_t は，$\frac{dS_t}{S_t} = \mu dt + \sigma dB_t$（$B_t$ はブラウン運動，μ, σ は定数）というドリフトつきの幾何ブラウン運動に従う．
- 市場には「摩擦」がない．すなわち，取引コスト・税金がなく，証券は無限に分割可能である．
- 空売りは自由にでき，借り入れと貸し出しの金利は同じである．
- 取引は連続的に行うことができる．
- 金利は一定である．

このとき，$n(\geq \frac{t}{12})$ で満期となるプットオプションの t 月目の BSM 価格 $P(t,n)$ は，以下の式で与えられる．ただし，m は毎月引き落とされる管理手数料率である．

$$P(t,n) = Ke^{-r(n-\frac{t}{12})}\Phi(-d_2) - S_t(1-m)^{(n-\frac{t}{12})}\Phi(-d_1)$$

ここで d_1, d_2 は，

$$d_1 = \frac{\log \frac{S_t}{K} + (n-\frac{t}{12})(r+\frac{\sigma^2}{2})}{\sqrt{n-\frac{t}{12}}\sigma}$$

$$d_2 = \frac{\log \frac{S_t}{K} + (n-\frac{t}{12})(r-\frac{\sigma^2}{2})}{\sqrt{n-\frac{t}{12}}\sigma} = d_1 - \sigma\sqrt{n-\frac{t}{12}}$$

$\Phi(\cdot)$ は標準正規分布関数

これから，さきほどの 5 年満期の GMMB と GMDB を組み合わせた変額年金の適正な危険保険料の計算が可能となる．まず，一時払保険料 $\pi(0)$ は，

$$\pi(0) = \sum_{t=0}^{12n-1} \frac{1}{12} p_x^\tau (q_{x+\frac{t}{12}}^d + \alpha_t q_{x+\frac{t}{12}}^w) P\left(0, \frac{2t+1}{24}\right) + {}_n p_x^\tau P(0,n)$$

ここで，q_x^d, q_x^w は x 歳の死亡率と解約率，α_t は解約時点 t の返戻率，p_x^τ を解約率を考慮した残存率としている．

危険保険料 m_c は，毎月の残存者からファンド比例で徴収するので，上で求めた一時払保険料 $\pi(0)$ と下の収入現価 B と等価とおき，$S_0 = F_0$ を手数料差引後の投入資金とすると，

$$\pi(0) = B = E^Q\left[\sum_{t=1}^{12n} m_c F_t e^{-rt} p_{x+t}^\tau\right] = F_0 \sum_{t=1}^{12n} m_c (1-m)^t p_{x+t}^\tau \qquad (9.5)$$

年金現価 $\ddot{a}_{x:\overline{n}|}^{\tau(12)}$ を，$v' = (1-m)e^{-r}$ を用いて以下のように表すことにより，

$$\ddot{a}_{x:\overline{n}|}^{\tau(12)} = \sum_{k=0}^{12n-1} \frac{1}{12} v'^{\frac{t}{12}} p_{x+\frac{t}{12}}^\tau$$

毎月の危険保険料 m_c は，ファンド残高に対し以下の危険保険料率となる．

$$m_c = \frac{\pi(0)}{12 \ddot{a}_{x:\overline{n}|}^{\tau(12)} F_0}$$

R による計算例 37（変額年金の危険保険料）

以上を R のプログラムにする．

```
##nenkin genka##
surv<-c(1,p1^(1:11),p1^11*p2^(1:12),p1^11*p2^12*p3^(1:36))
m<-0.0025;vv<-((1-m)^(1/12))^(0:59);a0<-vv*surv
sum(a0)
[1] 54.95031
##kyufu genka##
 BSP<-function(t){#BS 公式におけるプットオプション価格
 d1<-(log(S/K)+t/12*(r+log(1-mc)+sigma ^2/2))/(sigma*sqrt(t/12))
 d2<-d1-sigma*sqrt(t/12)
 K*exp(-r*t/12)*pnorm(-d2)-S*(1-m)^(t/12)*pnorm(-d1)}
```

```
#P(0,n) を求める
 S<-9700000;K<-10000000;sigma<-0.2;r<-0.05
 (popT<-BSP(60)*surv[60])
[1] 699192.9
 #P(0,w)(t=0,...,n-1,w=t)
 alpha<-c(rep(0.9,12),rep(0.95,12),rep(1,36))
 w<-c(rep(0.004,12),rep(0.002,12),rep(0.001,36))
 time<-seq(0,5,by=1/12)
 time<-time[-1]
 popq<-BSP(time-1/24)*surv*(1-exp(-0.006/12)+alpha*w)
 (sum(popq))
[1] 51718.13
 (sum(popq)+popT)/sum(a1)/S
[1] 0.001408791
```

危険保険料率は 0.14% であり，管理手数料率の約 6 割が必要であることがわかる．また，その大部分が満期保証のコストである．

9.3 ダイナミックヘッジング

1000 回のシミュレーションを実施した結果，リスク管理をせずに放置すると，確率は低いが大きな損失をもたらす場合がありうることがわかった．このオプションのリスクを軽減するためにはデルタヘッジといわれる方法が有効である．デルタヘッジでは，定期的に株式と債券の売買を繰り返すことにより，プットオプションの変動リスクをヘッジし，損失を抑制することができる．ただし，ヘッジにはコストがかかるため，先物を利用するなどして，できるだけ効率のよい戦略を立てることが必要となる．

まず株価の変動により，プットオプション価格がどのように変動するかを考えてみよう．オプション価格は，債券と株式のポートフォリオ（空売りを許す）で複製できる．t 時点の債券部分の価格を Y_t，株式部分の枚数を Ψ_t，株価を S_t とすると，オプション価格 $H(t)$ は，

$$H(t) = \underbrace{Y_t}_{\text{債券部分}} + \underbrace{\Psi_t S_t}_{\text{株式部分}}$$

ここで，

$$\Psi_t = \frac{\partial H(t)}{\partial S_t} = -\Phi(-d_1)$$
$$Y_t = H(t) - S_t\Psi_t$$

のように表されることが知られている．Ψ_t がいわゆるデルタと呼ばれるもので，この項は株価の変動により時々刻々変化するが，債券と株式のポートフォリオとしては，プットオプション価格の変動に追随するためヘッジができるという仕組みである．しかしながら，BSM の理論となる前提条件は現実的には満たされていないため，あくまでも近似的に成立するにすぎず，ヘッジ誤差が生ずることになる．この 1 か月前のヘッジポートフォリオを考え，現在のそのポートフォリオの価格を考えると

$$H(t^-) = Y_{t-1}e^{\frac{r}{12}} + \Psi_{t-1}S_t \tag{9.6}$$

となるので，ヘッジ誤差 $HE(t)$ は以下の式で計算できる．

$$HE(t) = H(t) - H(t^-)$$

さて，GMMB と GMDB を組み合わせた商品で考えると，t 時点のプットオプションの無条件ヘッジポートフォリオ価格 $H(t)$ は，

$$H(t) = \sum_{w=t}^{n-1} {}_{w|}q_x^d P(t,w) + {}_np_x^\tau P(t,n)$$

となる．さらに，上記の式を下のように株式部分と債券部分に分けることができる．

$$\Psi_t = \frac{\partial H(t)}{\partial S_t} = -\Phi(-d_1), \quad Y_t = H(t) - S_t\Psi_t \tag{9.7}$$

R による計算例 38（コールオプションの複製）

まず，単純な例として行使価格 1000 円で満期 1 年のヨーロッパ型のコールオプションを毎月，株式と債券でダイナミックヘッジしてゆくプロセスを見ることにしよう．前提条件は，株価は初期値は 1000 円で 1000 株購入するので投資金額は 100 万円である．株式のボラティリティ年率 20%，年利率 5%，取引コストなどはなしとする．このときのコールオプションのコストは，104505 円

9.3 ダイナミックヘッジング

である．満期時点で 1000 円を超えるシナリオ 1 と下回るシナリオ 2 の 2 つを検討する（表 9.1, 9.2）．毎月の累積キャッシュフローと金利負担がどうなるかをシミュレートする．SS が株価であり，シナリオ 1 では最後にデルタを 1 として全部株に投入して終わる．累積収益は 71964 円のプラスとなっている．コールオプション料を考えると 17.6 万円のヘッジ誤差である．さらに毎月の金利負担も考慮する必要がある．シナリオ 2 では，累積収益は 33043 円である．実際，月次の標準偏差が 5.77% とかなり大きいため，ときには 10% を超える変動もあり，ヘッジ誤差も大きくなる．

表 9.1 デルタヘッジの効率性（年度末株価が 1000 円を超える場合）

経過月	株価	デルタ	株数	月次コスト	累積コスト	金利負担
0	1000.00	0.6274	627.409	627409	627409	2614
1	945.65	0.5656	−61.778	−58421	568988	2370
2	988.76	0.6047	39.146	38707	607695	2532
3	929.25	0.5277	−77.010	−71562	536132	2233
4	1017.08	0.6244	96.698	98351	634484	2643
5	1102.55	0.7149	90.441	99716	734200	3059
6	1052.14	0.6589	−55.988	−58908	675292	2813
7	1003.14	0.5878	−71.090	−71314	603978	2516
8	997.73	0.5705	−17.263	−17224	586753	2444
9	1151.86	0.8076	237.118	273127	859880	3582
10	1013.67	0.5854	−222.234	−225273	634607	2644
11	928.36	0.2911	−294.262	−273182	361425	1505
12	1002.43	1.0000	708.812	710538	1071963	0

表 9.2 デルタヘッジの効率性（年度末株価が 1000 円に未達の場合）

経過月	株価	デルタ	株数	月次コスト	累積コスト	金利負担
0	1000.00	0.6274	627.409	627409	627409	2614
1	1017.13	0.6389	11.493	11690	639099	2662
2	998	0.6149	−23.913	−23875	615224	2563
3	1053.56	0.6671	52.176	54971	670195	2792
4	1054.17	0.6652	−1.887	−1989	668206	2784
5	1031.68	0.6369	−28.323	−29221	638985	2662
6	1078.30	0.6901	53.218	57385	696370	2901
7	983.47	0.5577	−132.430	−130242	566128	2358
8	1011.25	0.5933	35.582	35982	602111	2508
9	993.02	0.5507	−42.602	−42305	559805	2332
10	1050.34	0.6676	116.930	122817	682622	2844
11	960.83	0.4004	−267.194	−256730	425892	1774
12	980.99	0.0000	−400.458	−392848	33043	0

```
Y<-matrix(rep(1,1300),100,13)
S<-matrix(rep(1,1300),100,13)
mu<-0.1/12
sigma<-0.2/sqrt(12)
for (i in 1:100){
Y[i,1]<-0    #初期値
S[i,1]<-1    #初期値
for (j in 1:12){
Y[i,j+1]<-mu+sigma*rnorm(1)
S[i,j+1]<-exp(Y[i,j+1])
}
}
kabuka<-S[8,];SS<-kabuka*1000    ##例えばシナリオ8の計算結果を見る
K<-1000;r<-0.05;sigma<-0.2
t<-seq(0,1,by=1/12)
d1<-(log(SS/K)+t/12*(r+sigma^2/2))/(sigma*sqrt(t/12))
d2<-d1-sigma*sqrt(t/12)
delta<-round(rev(pnorm(-d1)),digits=4)
kabusu<-round(delta-c(0,delta[-12]),digits=4)*1000
cost<-round((kabusu*SS),digits=1)
ruiseki<-cumsum(cost)
kinri<-round(ruiseki*r/12,digits=1)
##kyufu genka##
#BS公式におけるコールオプション価格
dd1<-(log(1000/K)+(r+sigma^2/2))/sigma
dd2<-dd1-sigma
(K*exp(-r)*pnorm(-dd2)-1000*pnorm(-dd1))*1000
data.frame(SS,delta,kabusu,cost,ruiseki,kinri)
```

Rによる計算例39（変額年金のヘッジシミュレーション）

次に，Rを用いて，株価のシナリオを1つ与えて，ヘッジ誤差がどのように発生し，毎月の収支がどのように変動するかシミュレーションを行う．いままでどおり5年満期のGMMBとGMDBを組み合わせた変額年金に対し契約者勘定を株式インデックスで運用している例について考えるが，今回は，計算が複雑になるため解約控除益については無視している．また，実際には売買に伴う取引費用が発生しているがそれも無視している．

収入はすでに計算した毎月の危険保険料率0.0014に前期末のファンド残高を掛け合わせた一般勘定で収入される保険料である．支出は，最初にプットオ

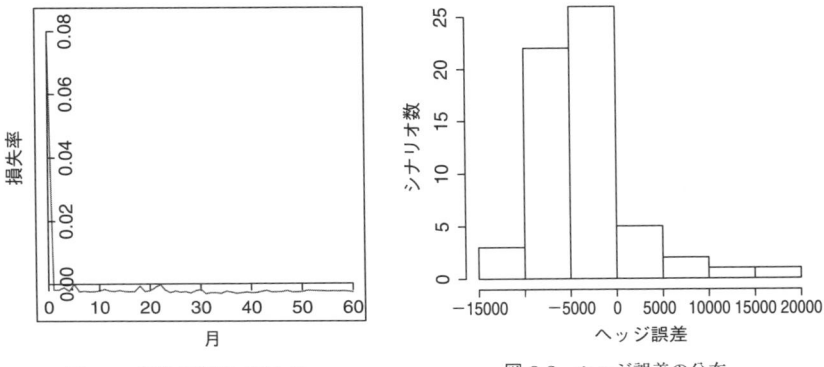

図 9.2 毎月の収支バランス　　図 9.3 ヘッジ誤差の分布

プション価格を支払い，以後の各月にはヘッジ誤差分だけ売買を行うことにする．したがって，初回だけ大きな支出となり，以降はプラスやマイナスが発生することになる．5 年分の損益を無リスク金利 5%（年率）で割り引き，収支バランスを判定する．マイナスは収入が支出を上回っていることを表し，保険会社側には利益が発生していることを表す（図 9.2, 9.3）．

```
#[RSLN-2 による株価]
surv<-c(1,p1^(1:11),p1^11*p2^(1:12),p1^11*p2^12*p3^(1:97))
p12<-0.037;p21<-0.21;pi1<-p12/(p12+p21)
Y<-S<-rep(0,61)
S[1]<-9700000
mu<-c(0.012,-0.016);sigma<-c(0.035,0.078)
z<-rnorm(1);u<-runif(1)
if(u<pi1){rho<-1
}else {rho<-2}
Y[1]<-mu[rho]+sigma[rho]*z
for (i in 2:61){
u<-runif(1)
if(rho<2&u>p12){rho<-1
} else {rho<-2}
if(rho>1&u>p21){rho<-2
}else {rho<-1}
z<-rnorm(1)
Y[i]<-mu[rho]+sigma[rho]*z
S[i]<-exp(Y[i])*S[i-1]
```

```
}
#S
# S:各時点の株価
# P(t,n)を求める.
 m<-0.0025;t<-c(1:61);n<-5
 K<-10000000;sigma<-0.2;r<-0.05 #デルタヘッジの決定要因
 d1<-(log(S[t]/K)+(n-(t-1)/12)*(r+log(1-m)+sigma^2/2))
 /sqrt(n-(t-1)/12)/sigma
 d2<-d1-sigma*sqrt(n-(t-1)/12)
 BSP<-function(x)      #BS 公式におけるプットオプション価格
 K*exp(-r*(n-(x-1)/12))*pnorm(-d2)-S[x]*(1-m)^t*pnorm(-d1)
 pB<-BSP(t)*surv[t]
#P(t,w)(t=0,...,n-1,w=t)
 s<-matrix(rep(0,3600),60)
 for(i in 1:60){
t<-i
w<-seq(t/12,5,by=1/12)
d1<-(log(S[t]/K)+(w-(t-1)/12)*(r+log(1-m)+sigma^2/2))
/sqrt(w-(t-1)/12)/sigma
d2<-d1-sigma*sqrt(w-(t-1)/12)
BSP<-function(x)      #BS 公式におけるプットオプション価格
K*exp(-r*(w-(x-1)/12))*pnorm(-d2)-S[x]*(1-m)^(t-1)*pnorm(-d1)
s[,i]<-c(rep(0,i-1),BSP(t))
qB<-c((1-exp(-0.006/12))*rep(1,60)%*%s,0)
#無条件ヘッジ・ポートフォリオ価格:H
H<-qB+pB
#Φt
t<-c(1:61)
d1<-(log(S[t]/K)+(n-(t-1)/12)*(r+log(1-m)+sigma^2/2))
/sqrt(n-(t-1)/12)/sigma
ph<--pnorm(-d1)
#株式部分:phi
t<-c(1:61)
phi<-ph*S[t]
#債券部分:Y
Y<-H-phi
#引継ヘッジ・ポートフォリオ:Ht
t<-c(1:60)
Ht<-c(0,phi[t]*S[t+1]/S[t]+Y[t]*exp(r/12)) #ヘッジ誤差:HE
#死亡者ヘッジ誤差:qHE
sgn<-(sign(K*rep(1,60)-S[t])+1)/2
qHE<-sgn*(K*rep(1,60)-S[t])*0.006/12*surv[t]
```

```
 #ヘッジ誤差:HE
 HE<-c(H[t+1]+qHE-Ht[t+1],0)
  #収入:危険保険料×ファンド残高
 Inc<-0.0014*S
  #毎月のコスト
 Bal<-HE-Inc
 }
data.frame(S,H,Ht,HE,Inc,Bal)
summary(Bal)
plot(0:60,Bal)
sum((1/1.05)^((0:60)/12)*Bal)
hist(HE[2:61])
sd(HE[2:61])
```

	S	H	Ht	HE	Inc	Bal
1	9700000	797222	0	797222	13580	783642
2	10120204	702205	707072	-4717	14168	-18885
3	9166062	952153	923439	28714	12832	15882
4	8574767	1151345	1140749	11009	12005	-995
5	8226890	1289877	1290802	-223	11518	-11740
6	7602674	1569875	1552613	18132	10644	7489
7	7412376	1673321	1680160	-5667	10377	-16045
8	7293767	1745424	1754482	-7799	10211	-18010
9	8070699	1388968	1367110	23169	11299	11870
10	7947902	1452051	1461366	-8384	11127	-19511

--------------------(中略)-----------------------

	S	H	Ht	HE	Inc	Bal
55	12930695	41255	76847	-35592	18103	-53695
56	13706825	8069	27065	-18996	19190	-38186
57	14104619	1537	6773	-5236	19746	-24982
58	14359095	153	1396	-1243	20103	-21346
59	14303830	6	162	-156	20025	-20182
60	14330051	0	6	-6	20062	-20068
61	14166227	0	0	0	19833	-19833

```
> summary(Bal)
   Min. 1st Qu.  Median     Mean 3rd Qu.    Max.
 -53690  -29850  -21350    -8082  -16960  783600
> plot(0:60,Bal)
> sum((1/1.05)^((0:60)/12)*Bal)
[1] -323717.7
> hist(HE[2:61])
> sd(HE[2:61])
[1] 12681.09
```

>

このシナリオでは，60ヶ月中の54ヶ月で Bal が負値をとっており，収支はプラスであった．収支バランスの現価 (PVBal) は −323718 円であった．毎月の変動は図 9.4，9.5 を参照されたい．また，ヘッジ誤差の標準偏差は 12681 円であった．しかし，1 回の試行だけでは何ともいえない．ボラティリティ自体が変化する RSLN モデルのような変動ではデルタだけでヘッジすることは難しく，高いボラティリティになる局面ではヘッジ比率を引き上げなければ，ヘッジ誤差の拡大を招くことになる．

そこで，次に，これを何回も繰り返して，異なる株価シナリオの下での収支バランスの現価 (PVHBal) の分布を見ることによりヘッジ効果を検証することができる．このためには，以下のようなコードを用意すればよい．1000 回の試行を行った結果は以下のとおりである．

```
PVBal<-rep(0,1000)
for(j in 1:1000){
(前のプログラムを挿入)
PVBal[j]<-sum(HE[0:60]*(1+r)^(-1/12*(0:60)))}
>summary(PVBal)
   Min.   1st Qu.   Median    Mean    3rd Qu.    Max.
-1154000  -548100  -478700  -433800  -395300   944800
```

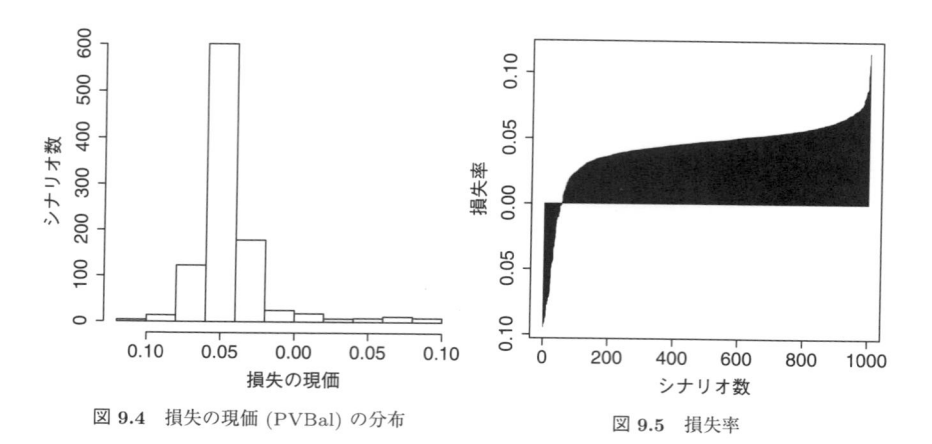

図 9.4 損失の現価 (PVBal) の分布

図 9.5 損失率

9.3 ダイナミックヘッジング

```
> PVBal[PVBal>0]
 [1]    18383.256 718073.579 104028.512 154177.050
 [5]   775512.641 276810.497 344292.227 944833.217
 [9]   877749.408 920660.610 429249.594 103973.383
[13]   444715.622 128474.572 907969.627 864575.663
[17]   103509.244 773828.465   9128.874 720323.347
[21]   231128.995 295545.764 124708.656 817206.213
[25]   909389.376 329906.245 920741.854 489129.654
[29]   746666.610 330882.771 109189.229 749791.999
[33]   772802.881 722935.587 461048.444 688625.193
[37]    19900.834 264166.753 615722.185 495383.483
[41]    63721.954 876721.004 571776.114  78262.067
[45]   707177.432 180103.892 455725.627  16307.828
[49]   439065.723  66513.349  10162.929 670309.019
[53]   103972.038  18365.330
> (1:length(PVBal))[PVBal>0]
 [1]  18  26  39  47  53  54  56  62  65  73  86
[12] 122 166 192 195 212 213 215 225 228 248 265
[23] 306 358 434 448 453 454 461 482 497 510 528
[34] 530 532 542 556 599 636 697 705 719 732 751
[45] 800 821 825 829 830 835 862 872 905 958
hist(PVBal/K,xlab="PV of Losses",ylab="number of scenaios")
SORT<-sort(PVBal,decreasing=TRUE)  #損失がマイナスになるように並べ替える
plot(-SORT/K,type="h",ylab="Loss ratio",xlab="number of Scenarios") #一時
払保険料の比率で表示
```

このように，1000回のシミュレーションを行った結果，54回PVBalがマイナスになった．最大損失の現価は944800円であった．PVBalが正になる（損失が発生する）シナリオを調べることも可能であり，18, 26, 39, 47, ⋯などが該当するが，株価シナリオを見るといずれも株価が乱高下するケースであり，このような相場状況ではヘッジが難しいことをうかがわせる．

図9.4は，ヘッジ損失率の分布をヒストグラムにしたもので，図9.5はシナリオを，損失の大きい順番から並べたものである．これを見ると，低頻度であるが巨額の損失をもたらすリスクシナリオが存在することがわかるので，このリスクへの対応策がリスク管理上，きわめて重要である．

この種のヘッジできないリスクは，最終的には資本の積み立て等で対応することにならざるをえないが，ヘッジ手法の改善や商品性の見直しなどまだまだ

工夫の余地はあるので,アクチュアリーのすべき仕事はいくらでもあろう.読者もいろいろなシミュレーションを実施してリスク感覚を身につけるとよいであろう.

付　　　　録

A．本書で利用したパッケージと関数

1. MASS

- **cumsum**：はじめの要素から累積した和のベクトルを返す；
  例．y=cumsum(x), $x=(x_1,\cdots,x_n)$ に対し，$y_j=\sum_{i=1}^{j}x_i$ を返す．
- **cumprod**：はじめの要素から累積した積のベクトルを返す；
  例．y=cumprod(x), $x=(x_1,\cdots,x_n)$ に対し，$y_j=\prod_{i=1}^{j}x_i$ を返す．
- **rev**：ベクトルの要素を逆順で並べる；
  例．y=rev(x), $x=(x_1,\cdots,x_n)$ に対し，$y=(x_n,\cdots,x_1)$ を返す．
- **rep**：同じ数値を n 個並べたベクトルを作る；例．rep(1,3)=c(1,1,1)
- **sum**：ベクトルの要素の和をとる；例．sum(c(1,2,3))=6
- **sort**：ベクトルの要素を昇順（降順）に並べる；
  例．sort(c(1,3,2))=c(1,2,3), sort(c(1,3,2),decreaseing=TRUE)=c(3,2,1)
- **seq**：2つの数値の間を埋めるベクトルを作成する；
  例．seq(from=0,to=1,by=0.5)=c(0,0.5,1)
- **diag**：対角要素 a の対角行列を作成する；例．3行3列の対角要素2の対角行列は diag(matrix(rep(0,9),3,3))<-2
- **round**：小数 n 位を四捨五入する；例．round(1.49,digits=2)=1.5
- **ceiling**：小数 n 位を切り上げる；例．ceiling(1.49,digits=1)=2
- **floor**：小数 n 位を切り捨てる；例．floor(1.49,digits=1)=1
- **sign**：ベクトル x の正，負，ゼロにより $1,-1,0$ を返す；

例. sign(c(2,-3,0))=c(1,-1,0)
- **fitdistr**：一変数データと確率分布を与えると当てはめを行う；
  例. fitdistr(x, densfun, start, ...)

2. stats
- **cor**：複数の時系列を与えると相関係数行列を返す；例. cor(x)
- **nls**：非線形回帰；例. nls(y~f(x),start=c())
- **lm**：線形回帰．単回帰でも重回帰でも同じ関数でよい；例. lm(y~x,)
- **glm**：一般化線形モデル；例. glm(y~x,family='''',data='''')
- **optim**：関数の最大(小)化；
  例. optim(initial,function,method =''Nelder-Mead'',control = list())
- **chisq.test**：χ^2検定．適合度検定を行う；例. chisq.test(data).
- **fft**：高速フーリエ変換．zという2^n要素のベクトルを高速フーリエ変換（逆変換）する；例. fft(z, inverse = FALSE)
- **prcomp**：主成分分析；例. prcomp(data)
- **factanal**：因子分析（因子数を指定）；例. factanal(data,factors=3)

3. tseries
時系列分析を行うための多数の関数が用意されている．GARCH族などの最近の時系列分析を行うにはfSeriesというパッケージがある．
- **ar**：自己回帰モデル．ar(p)のパラメータ推計；
  例. ar(data,method=''mle'')
- **arma**：自己回帰移動平均モデル．arima(p,q)のパラメータ推計；
  例. arma(data, order = c(1,1))
- **arima**：自己回帰和分移動平均モデル．arima(p,d,q)のパラメータ推計；
  例. arima(data, order = c(1,0,0))
- **garch**：GARCHモデルのパラメータ推計；例. garch(data)
- **adf.test**：ADF検定で時系列に単位根が存在するかを検定し，定常時系列かどうかを判定する．

A. 本書で利用したパッケージと関数

- **pp.test**：Phillip–Perron 検定も ADF 検定と別の方法による単位根検定．
- **jarque.bera.test**：分布が正規分布であるかを検定する．
- **Box.Ljung.test**：自己相関の有無を検定する．

4. survival

生存時間解析のパッケージ．パラメトリックモデルのほか，カプラン–マイヤー法やコックスの比例ハザードモデルの計算が簡単にできる．

- **Surv**：Survival オブジェクトを作成する．survreg, suvfit などを使う前に前処理しておく関数；例．Surv(time,cens) など．
- **survfit**：打ち切りデータについての生存曲線を計算する；例．survfit(y~x,)
- **survreg**：パラメトリック生存モデルについての回帰；
  例．treat で回帰．分布が指数分布の場合は，
  survreg(Surv(time,cens)~treat,dist=''exponential'')
- **survdiff**：生存曲線の差を検定する；
  例．2群の差異を判定するログランク検定．survdiff(Surv(time)~treat,data=''cancer'')
- **coxph**：比例ハザード回帰モデルを当てはめる：
  例．coxph(Surv(time,stat)~rx+age,data=''cancer'')

5. stats4

- **mle**：最尤法によるパラメータ推計；
  例．mle(minuslog1=f(x),start=list(),)

6. termstrc

Nelson–Siegel などの式への当てはめなど．

- **nelson_estim**：債券データ（価格，利回り）より Nelson–Siegel 法によるパラメータを推計 $(\beta_0, \beta_1, \beta_2, \tau_1)$；
  例．nelson_estim(group,bonddata,matrange = ''all'',...)
- **nelson_siegel**：パラメータを N–S 式に適用しスポットレートを作成；
  例．パラメータと必要な年限を入力する．nelson_siegel(0.01,0.02,

0.01,4,1:30)

7. vars
- **VAR**：VAR モデルのパラメータ推計；例．VAR(data,p=1,type=''both'')の p=1 は，ラグ 1 の VAR(1) モデルを表し，type は ''const''，''trend''，''both''，''none'' があり，定数項やトレンドを含むかどうかを選択する．
- **VARselect**：VAR モデルのモデル選択；
  例．VARselect(data,lag.max=8,type=''both'') ではラグ 8 期までのモデルの中で AIC，HQ，SC，FPE の 4 基準で最適ラグを選択する．
- **fitted**：選択されたモデルでの理論値を出力．
- **predict**：選択されたモデルでの予測値を出力．

8. actuar
損害保険数理で使用できるパッケージ actuar がフランスの Université Laval の Vincent Goulet によって開発されている．このパッケージは CAS の試験の教科書にもなっている Klugman, Panjer and Willmot(2004) の内容の一部にも対応しており，損害額分布のモデリング，危険理論，信頼性理論の分析ツールが含まれている．以下では損害額分布モデルのみ説明する．

パッケージ actuar には，パッケージ base では不足している損害額分布のモデリングを支援する多くの関数やツールが準備されている．その内容は，大きく分けると以下の5つの分野である．

1) k 次の（制限）モーメントの計算を含む base にない（本文中に掲げた）17 の関数．
2) グループ区分したデータのハンドリングの支援．
   grouped.data：グループ化されたデータの作成や変更．
   ogive：折れ線による経験分布関数の図示．
3) 経験分布の（制限）モーメントの計算．
   emm：emm(data,order=1:3) で data の 3 次までの経験モーメントを計算して返す．

4) 3つの測度の下での最小距離.
   1. Cramér–von Mises 法：理論分布と経験分布の差の 2 乗和を最小化する.
   2. χ^2 法：グループ化データに対し，各区分の頻度の期待値と経験値の差の 2 乗和を最小化する.
   3. LAS 法：グループ化データに対し，各区分の制限期待値と制限経験値の差の 2 乗和を最小化する. **mde**：fitdistr に似た関数で，上の方法による理論分布を決定する.

5) 契約条件の変更（免責，上限，インフレ，共同再保）の取り扱い.
   coverage：元の確率分布を契約条件の変更を反映した確率分布に変換する.

6) **discretize**：連続分布を離散化する；
   例. `discretize(pgamma(x,2,1), method=''rounding'', from=0, to=10, step=0.5)`

7) **aggregateDist**：損害額分布と件数分布から複合分布を作る；
   例. 畳み込み積で計算する場合には `aggregateDist(''convolution'', model.freq=pn, model.sev=fx, x.scale=0.5)`

B. R による計算例（一覧）

1. 生命表の作成 …………………… 3
2. 確定年金の現価・終価 …………… 6
3. 計算基数と純保険料 ……………… 12
4. 責任準備金 ………………………… 15
5. 脱退率と給与指数 ………………… 18
6. 定常人口 …………………………… 21
7. 財政方式と保険料・積立金 ……… 28
8. 確率分布とグラフ ………………… 36
9. 分布の当てはめ …………………… 40
10. パラメータ推計 …………………… 43
11. モデル選択 ………………………… 46
12. 連続分布の離散化 ………………… 50
13. Panjer の方法 …………………… 54
14. 高速フーリエ変換 ………………… 56
15. 離散型分布の棄却法 ……………… 63
16. 連続型分布の棄却法 ……………… 64
17. ポアソン過程 1 …………………… 66
18. ポアソン過程 2 …………………… 67
19. 非斉時ポアソン過程 1 …………… 69
20. 非斉時ポアソン過程 2 …………… 71
21. LN モデルのシミュレーション … 83
22. AR モデルのシミュレーション … 84

23. GARCH モデルのシミュレーション ……………………………85
24. RSLN2 モデルのシミュレーション ……………………………86
25. 金利モデル………………87
26. 金利の期間構造の推計………91
27. 金利変動の主成分分析………94
28. VAR …………………… 99
29. 木材の体積と胴回り，高さの関係 …………………………… 114
30. がん (cancer) の治療効果………119
31. 白血病患者に対する治療薬の効果 …………………… 124
32. 2 つの治療群による子宮がんの延命効果 …………………………… 130
33. 加入者 1 人の状態履歴のシミュレーション …………………… 154
34. 加入者集団の状態履歴のシミュレーション …………………… 156
35. ストレステストと負債十分性テスト …………………………… 159
36. 変額年金の損益シミュレーション …………………… 165
37. 変額年金の危険保険料 ………… 170
38. コールオプションの複製 ……… 172
39. 変額年金のヘッジシミュレーション …………………………… 174

C. 本書で使用したデータファイル

第 1，2，8 章　shibouritu07M：生保標準生命表 2007（死亡保険用）の男子死亡率

第 3 章　dental：歯科医療保険の保険金請求個別データ (actuar)
　　　　gdental：歯科医療保険の保険金請求グループ化データ（同上）

第 5 章　USJapanequity：米国と日本の株式収益率の時系列データ
　　　　kokusaikinri：日本国債の応募者利回りの時系列データ
　　　　eurobonds：ユーロ債券の価格データ (termstrc)
　　　　zeroyield：スポットイールドカーブの時系列データ
　　　　interestjapan：日本の長短金利の時系列データ

第 6 章　trees：木材（ブラックチェリー）の属性データ (base)
　　　　cancer：がん患者の治療薬投与による生存時間データ
　　　　gehan：白血病患者の抗がん剤の投与による生存時間データ (MASS)
　　　　ovarian：子宮がんの年齢・治療法による生存時間データ (survival)

第 7 章　Insurance：自動車保険のリスク要因別の保険金請求データ (MASS)

```
Third_party_claims：自賠責自動車保険の保険金請求データ
    smoker：英国医師の喫煙者・非喫煙者別の生存データ
```
第 8 章 `juryouritsu`：患者調査 (2005) の入院受療率データ
```
    dayshospi：患者調査 (2005) の退院患者の平均在院日数データ
    3mort：生保標準生命表 2007（第三分野保険用）の男子死亡率
```

D. 最尤推定量とフィッシャーの情報行列

　本書では，最尤推定量をいろいろな場面で使用しているので基本的事項について解説することにする．まず，最尤推定量は他のパラメトリック推定量には存在しない特徴をもっている．

(1) 不変性

　最尤推定量の特徴の 1 つに不変性がある．$\hat{\theta}$ を θ の最尤推定量とすると，尤度関数 $f(x;\theta)$ は $\theta = \hat{\theta}$ のときに最大になる．

　ここで $\gamma = g(\theta)$ は θ の一価関数 ($\theta_1 = \theta_2 \Leftrightarrow g(\theta_1) = g(\theta_2)$) とする．

　このとき $g(\hat{\theta})$ は $g(\theta)$ の最尤推定量を与える．これが不変性と呼ばれる特性である．

　確率変数 $(X_1, X_2, \cdots, X_n)$ は $f(x;\theta)$ からの無作為標本とし，以下の条件を満たしているとする．

① X の範囲は θ に依存しない．

② $$\frac{\partial \log f(x;\theta)}{\partial \theta},\ \frac{\partial^2 \log f(x;\theta)}{\partial \theta^2},\ \frac{\partial^3 \log f(x;\theta)}{\partial \theta^3}$$

がすべての X に対して存在する．

③ $$E\left[\frac{\partial}{\partial \theta} \log f(x;\theta)\right]^2$$

はすべての θ に対して有限である．

　以上の正則条件の下で，θ の最尤推定量 $\hat{\theta}_n$ は次の特性をもつ．

(2) 一致性
$$\hat{\theta}_n \xrightarrow{P} \theta$$

(3) 漸近的正規性

$\hat{\theta}_n$ は漸近的に期待値 θ, 分散 $\frac{I(\theta)^{-1}}{n}$ の正規分布とする.

ここで,
$$I(\theta) = -E\left[\frac{\partial^2 \log f(x;\theta)}{\partial \theta^2}\right]$$
とする. この $I(\theta)$ はフィッシャー情報量と呼ばれる量である.

この漸近的正規性は
$$\sqrt{n}(\hat{\theta}_n - \theta) \overset{a}{\sim} N(0, I(\theta)^{-1})$$
のように表される. a は漸近的 (asymptotically) の意味である.

ここで (2) の一致性が大数の法則に対応するものであり, (3) の漸近的正規性は中心極限定理に対応するものになる. つまり最尤推定量は, 漸近的に美しい性質をもっているということである.

(4) 漸近的有効性

$\hat{\theta}_n$ の漸近的分布 (正規分布) の分散は以下に述べる Cramér–Rao の不等式の下限に等しい.

定理　Cramér–Rao の不等式

$X_1, X_2, \cdots, X_n$ は $f(x;\theta)$ からの無作為標本とする.
$\hat{\theta} = \hat{\theta}(X_1, X_2, \cdots, X_n)$ を θ の任意の不偏推定量とするとき, 不等式
$$V[\hat{\theta}] \geq \frac{1}{nE\left[\frac{\partial \log f(x;\theta)}{\partial \theta}\right]^2} = \frac{1}{-nE\left[\frac{\partial^2 \log f(x;\theta)}{\partial \theta^2}\right]}$$
が成り立つ.

この不等式を Cramér–Rao の不等式という. この等式を成立させる推定量 $\hat{\theta}$ を未知母数 θ の有効推定量という.

$\hat{\theta}$ が θ の有効推定量といわれるのは,
$$E[\hat{\theta}] = \theta$$
$$V[\hat{\theta}] = \frac{1}{nE\left[\frac{\partial \log f(x;\theta)}{\partial \theta}\right]^2} = \frac{1}{-nE\left[\frac{\partial^2 \log f(x;\theta)}{\partial \theta^2}\right]}$$
のときである.

ここで $\hat{\theta}$ とは異なる推定量 $\check{\theta}$ を考え，この $\check{\theta}$ も一致性と漸近的正規性をもつとする．このとき漸近的有効性を考慮して，以下の性質を成立させる．

$$\lim_{n\to\infty} nV[\check{\theta}] \geq I(\theta)^{-1} = \lim_{n\to\infty} nV[\hat{\theta}]$$

これは，最尤推定量は漸近的な分散は最小になり，推定量としては最良であるということである．

以上のことをまとめると，
- 最尤推定量は汎用的に使える推定量であること
- 最尤推定量は一致性や漸近的正規性というきれいな性質をもつこと
- 最尤推定量は漸近的には最良であること

となる．

文　　　献

文献解説

　本書を執筆する上で参考にした文献，あるいは本書に関連してさらに勉強したい読者のため文献を以下に掲げる．なお，日本アクチュアリー会資格試験の教科書ないし参考書については*をつけている．

　第1章（生命保険数理）は，邦文ではアクチュアリー試験の教科書 [19] のほか，学部学生向けに基礎から丁寧に解説した教科書 [4] があり，また最近出版された [20] がある．米国アクチュアリー会の教科書 [25] は網羅的に詳細に書かれているが大著であるため，よく読まれているのは [32] である．米国の生保商品に詳しいのは [24] である．また最近，Cambridge 大学出版局より叢書形式で出版されている International Series on Actuarial Science の中に [30] がある．

　第2章（年金数理）は，邦文では日本アクチュアリー会の試験の教科書 [11] と日本年金数理人会の教科書 [17] がある．また，[4] の姉妹書 [3] の中に，年金数理についてコンパクトな解説がある．さらに，年金マネジメントシリーズの第1巻 [9] では，年金数理を含む年金実務の基礎を扱っている．ちなみに，このシリーズではほかに企業年金の資産運用（第2巻）とリスク管理（第3巻）を扱っている．

　第3章（損害保険数理）は，邦文では日本アクチュアリー会の試験の教科書 [12] があるが，ほかに [7]，[6]，[1] などの参考書がある．欧文のものでは，米国アクチュアリー会の教科書にもなっている [43]，数学的な取り扱いを重視した [45]，最近出版された [48] がある．また，R を使った本として [41] がある．

　第4章（シミュレーション）は，日本アクチュアリー会の試験の教科書 [13] にも説明があるが，本格的に勉強するには [21]，[10] などを参考にするとよい．

米国のアクチュアリーがよく読んでいる [47] はよい本であり，本章の執筆でも参考にした．

第5章（確率論的シナリオ生成モデル）は，いわゆる金融時系列モデルの分野であり，アクチュアリー会の教科書 [15] を含め，邦文の文献も数多く出版されている．米国アクチュアリー会の参考書でもある [46] の chapter9 ではアクチュアリーが使う確率論的シナリオ生成モデルについて説明があり，本書でも参考にした．金利モデルについても chapter7 に詳しい解説がある（本文中で引用した金利モデルの原論文については [46] の文献を参照されたい）．また，商品収益性分析への応用については [24] に詳しい．

第6章（発生率の統計学）は，一般化線形モデル，生存時間解析という統計学の分野を扱っている．これらの分野は，主に医学や工学で使われてきたが，比較的小集団の発生率を扱うことが必要になるアクチュアリーにとって必須の知識になるものと考えられる．一般化線形モデルについては [31]，生存時間解析については [42] が専門家の書いた名著である．いずれも邦訳があり，本書でも参考にした．また，R を使ったこの分野の本として [28] を薦めたい．

第7章（リスク細分型保険）では，数式を使わずに一般化線形モデルの保険データへの適用例を扱った本として [2] がある．また，International Series on Actuarial Science の中に [29] がある．

第8章（第三分野保険）では日本の規制やアクチュアリアルな問題も含めた解説は [16] を参照されたい．シミュレーションモデルの構築に当たっては [34] を参考にした．

第9章（変額年金）については，日本の規制やアクチュアリアルな課題について解説したものとして [14] がある．変額年金の理論的基礎とカナダの規制について詳しく解説した本としては [33] がある．また，[30] には欧州のユニットリンク保険について，その仕組みとともに解説がある．

文　献

1) 岩沢宏和 (2010)，『リスク・セオリーの基礎——不確実性に対処するための数理——』，培風館
2) 海老崎美由紀 (2009)，『保険データの読み方と考え方』，保険毎日新聞社

文献

3) 黒田耕嗣編, 塩田 實, 小野正昭, 斧田浩二 (2003), 『生保年金数理 II 実務編』, 培風館
4) 黒田耕嗣 (2006), 『生保年金数理〈1〉理論編』, 培風館
5) 小暮厚之 (2009), 『R による統計データ分析入門』(シリーズ〈統計科学のプラクティス〉1), 朝倉書店
6) 小暮雅一, 東出 純 (2006), 『例題で学ぶ損害保険数理』, 共立出版
7) 清水邦夫 (2006), 『損保数理・リスク数理の基礎と発展』, 共立出版
8) 高浪洋平, 舟尾暢男 (2005), 『データ解析環境「R」』, 工学社
9) 田中周二編 (2004), 『年金マネジメントの基礎』(シリーズ〈年金マネジメント〉1), 朝倉書店
10) 津田孝夫 (1969), 『モンテカルロ法とシミュレーション』, 培風館
11) 日本アクチュアリー会, 『年金数理』*, 日本アクチュアリー会
12) 日本アクチュアリー会 (2003), 『損保数理』*, 日本アクチュアリー会
13) 日本アクチュアリー会 (2005), 『モデリング』*, 日本アクチュアリー会
14) 日本アクチュアリー会 (2009), 『生保 I, 第 9 章 変額年金』*, 日本アクチュアリー会
15) 日本アクチュアリー会 (2010), 『生保 I, 第 10 章 商品収益性分析』*, 日本アクチュアリー会
16) 日本アクチュアリー会 (2010), 『生保 I, 第 7 章 医療保険』*, 日本アクチュアリー会
17) 日本年金数理人会編 (2003), 『年金数理概論』, 朝倉書店
18) 藤澤洋徳 (2006), 『確率と統計』(シリーズ現代基礎数学 13), 朝倉書店
19) 二見 隆 (1992), 『生命保険数学 (上, 下)』*, 生命保険文化研究所
20) 山内恒人 (2009), 『生命保険数学の基礎—アクチュアリー数学入門』, 東京大学出版会
21) 湯前祥二, 鈴木輝好 (2000), 『モンテカルロ法の金融工学への応用』(シリーズ〈現代金融工学〉6), 朝倉書店
22) Ahlgrim, K.C., S.P. D'Arcy and R.W. Gorvett(2004), "Modeling Financial Scenarios: A Framework for the Actuarial Profession", SOA-CAS
23) American Academy of Actuaries(2003), "Phase I Report of the American Academy of Actuaries' C-3 Subgroup of the Life Risk Based Capital Task Force to the National Association of Insurance Commissioners' Risk Based Capital Work Group"
24) Atkinson, D.B. and J.W. Dallas(2000), "Life Insurance Product and Fi-

nance", Society of Actuaries
25) Bowers, N.L., H.U. Gerber, J.C. Hickman, D.A. Jones and C.J. Nesbitt (1986), "Actuarial Mathematics", Society of Actuaries
26) CEIOPS(2009), "Stock-taking Report on the Use of Internal Models in Insurance", CEIOPS' Internal Model Expert Group, 12 January 2009
27) Cox, J., J.E. Ingersoll and S.A. Ross(1985), "A theory of the term structure of interest rates", Econometrica, **53**, 385–407
28) Crawley, M.J.(2005), "Statistics: An Introduction Using R", John Wiley & Sons（野間口謙太郎，菊池泰樹訳(2008),『統計学：Rを用いた入門書』，共立出版）
29) de Jong, P. and G.Z. Heller(2008), "Generalized Linear Models for Insurance Data", Cambridge University Press
30) Dickson, D.C.M., M.R. Hardy and H.R. Waters(2009), "Actuarial Mathematics for Life Contingent Risks", Cambridge University Press
31) Dobson, A.J.(2002), "An Introduction to Generalized Linear Models, 2nd ed.", Chapman & Halls（田中　豊，森川敏彦，山中竹春，冨田　誠訳(2008),『一般化線形モデル入門』，共立出版）
32) Gerber, H.(2010), "Life Insurance Mathematics, 3rd ed.", Springer-Verlag（山岸義和訳(2007),『生命保険数学』，シュプリンガー・ジャパン）
33) Habermann, S., Z. Butt and B.W. Rickatzen(2004), "Measuring process risk in income protection insurance", ASTIN Bulletin, **34**(1), 199–227
34) Hardy, M.R.(2003), "Investment Guarantee", John Wiley & Sons（日本アクチュアリー会訳(2005),『投資型商品における最低保証給付の数理』，丸善プラネット）
35) Heath, D., R. Jarrow and A. Morton(1992), "Bond pricing and the term structure of interest rates: A new methodology for contingent claims valuation", Econometrica, **60**(1), 77–105
36) Hibbert, J., P. Mowbray and C. Turnbull(2001), "A Stochastic Asset Model & Calibration for Long-term Financial Planning Purposes", Barrie & Hibbert Limited.
37) Ho, T.S. and S. Lee(1986), "Term structure movements and pricing interest rate contingent claims", Journal of Finance, **41**, 1011–1029
38) Hull, I. and A. White(1990), "Pricing interset-rate-derivative securities", Review of Financial Studies, **3**, 573–592

39) Hull, J. and A. White(1994), "Numerical procedures for implementing term structure models II: Two-factor models", Journal of Derivatives, **2**, 37–48, (winter)
40) Ibbotson, R.G. and R.A. Sinquefield(1976), "Stocks, bonds, bills and inflation: Simulation of the future(1976–2000)", Journal of Business, **49**(3), 313–338
41) Kaas, R., M. Goovaerts, J. Dhaene and M. Denuit(2008), "Modern Actuarial Risk Theory Using R", Springer-Verlag.
42) Klein, J.P. and M.L. Moeschberger(2003), "Survival Analysis, 2nd ed.", Springer Science + Business Media. (江波　守訳 (2009),『生存時間解析』,シュプリンガー・ジャパン)
43) Klugman S., H.H. Panjer and G. Willmot(2004), "Loss Model: From Data to Decisions", John Wiley & Sons (損保数理ロスモデル研究会訳, 鈴木雪夫監修 (2004),『統計データの数理モデルへの適用』, 丸善プラネット)
44) Matsumoto, M. and T. Nishimura(1998), "Mersenne twister: A 623-dimensionally uniform equidistributed pseudorandom number generator", ACM Transactions on Modeling and Computer Simulation, **8**, 3–30
45) Mikosh, T.(2009), "Non-life Insurance Mathematics: An intgroduction with the Poisson process, 2nd ed.", Springer-Verlag (山岸義和訳 (2009),『損害保険数理』, シュプリンガー・ジャパン)
46) Panjer, H.H. et al.(1998), "Financial Economics: With Applications to Investments, Insurance and Pensions", The Actuarial Foundation
47) Ross, S.M.(1997), "Simulation, 2nd ed.", Academic Press
48) Tse, Y.K.(2009), "Nonlife Actuarial Models: Theory, Methods and Evaluation", Cambridge University Press
49) Vasicek, O.(1977), "An equiliblium caracterization of the term structure", Journal of Financial Economics, **5**, 177–188
50) Wilkie, A.D.(1986), "A Stochastic Investment Model for Actuarial Use", Transactions of the Faculty of Actuaries, **39**, 341–403
51) Wilkie, A.D.(1995), "More on a stochastic investment model for actuarial use", British Actuarial Journal, **1**(5), 777–964

索　引

ア　行

赤池情報量規準　45
ARCH モデル　78
R^2 値　131
安定分布　74

一時払保険料　9
逸脱度　113
一般化 ARCH モデル　79
一般化線形モデル　108
イールドカーブ　90
インプライドフォワードレート　96

Wilkie モデル　102
打ち切り　118

AIC　99
AR モデル　76
HQ　99
SOA-CAS モデル　103
SC　99
ADF 検定　100
FPE　99
M 系列　60

オッカムの剃刀　45
オフセット変数　138
オペレーショナルタイム　67
Ornstein–Uhlenbeck 過程　103

カ　行

χ^2 検定　44
開放型総合保険料方式　28
確定給付制度　22
確定拠出制度　22
確定年金　9
確率論的シミュレーション　58
過去勤務債務　25
過去法責任準備金　14
加入時積立方式　27
加入年齢方式　25
カプラン–マイヤー法　117
元金均等償却　6
患者調査　146
完全積立方式　23, 27
ガンマ分布　34
元利均等償却　6

危険保険料　169
期始払永久年金　5
基準ハザード　128
期待ショートフォール　33
期末払永久年金　5
逆関数法　55, 61
給付現価　22
給与指数　16
強度関数　68
共変量　117
極限方程式　21
局面転換対数正規モデル　80
銀行窓販　162

均衡モデル　95
金利の期間構造　90

Cramér–Rao の不等式　188
グリーンウッドの近似　123
グループデータ　39

経済シナリオ生成器　98
計算基数　11
形状パラメータ　43
計数過程　67
決定論的なシミュレーション　58
現価　5
現価率　5

行使価格　163
高速フーリエ変換法　55
個人平準保険料方式　25
個別データ　39

サ　行

最終利回り　90
最小距離推定法　39
採択棄却法　62
最低解約保証給付　163
最低死亡保証給付　163
最低積立金保証給付　163
最低年金額保証給付　163
最低満期保証給付　163
最尤推定値　42
最尤推定法　39, 42
時系列データ　72
自己回帰移動平均モデル　77
自己回帰和分移動平均モデル　77
市場整合的な負債評価　98
指数型分布族　109
実損填補給付　142
実利率　5
指標関数　47
死亡率　2

尺度パラメータ　43
終価　5
収支相等の原則　10
終身年金　9
終身保険　9
シュワルツ–ベイズ規準　45
昇給率　16
情報行列　75
将来収支分析　145
将来法責任準備金　14
死力　2
シンニング　68
信頼区間　44

据置死亡率　1
ストレステスト　143
スポットイールドカーブ　90

生存関数　117
生存基数　11
生存時間解析　116
生存率　2
生命年金　9
生命保険数理　1
責任準備金　13
セミパラメトリック　117
漸近分散共分散行列　75
線形合同計算法　59

即時払死亡基数　11
即時払累積死亡基数　11
損害の規模　31
損害保険数理　31

タ　行

第三分野保険　142
退職時年金現価積立方式　24
対数正規分布　35
滝構造　98
多重脱退残存表　16
畳み込み計算　50

脱退率　18
脱退力　18
単位積立方式　24

超過分散　134
超幾何分布　74
長短金利変動　93

積立金　25

定額給付　142
定期保険　9
定常人口　21
t 分布　74
テイル VaR　33
デフォルト時の損失　107
デフォルト時の曝露　107
デフォルト率　106
デルタヘッジ　171
転化期間　5

到達年齢方式　26
特性関数　55
トローブリッジ　23

ナ　行

2 項分布　32
入院受療率　146

ネルソン–アーレン推定量　124
Nelson–Siegel 法　91
年金数理　16
年払純保険料　10

ノンパラメトリック　117

ハ　行

ハザード関数　117
パーセンタイル値マッチング法　39
パラメトリック　117

パレート分布　34
Panjer の再帰法　52

非斉時ポアソン過程　67
左側打ち切り　118
標準誤差　44
標準責任準備金　143
比例ハザードモデル　117
頻度　31

フィッシャーのスコアリング法　44
フォワードレート　92
賦課方式　23, 24
複合リスクモデル　46
複製ポートフォリオ　106
負債十分性テスト　143
プットオプション　163
負の 2 項分布　33
部分尤度法　129
フーリエ変換　55
分散共分散行列　131
分布関数　39
分離ファンド　162

平均回帰性　93
平均寿命　2
平均超過損失関数　33
平均入院日数　146
平均保存法　50
平均余命　2
閉鎖型総合保険料方式　26, 28
ベイジアン推定法　39
ベクトル自己回帰モデル　98
変額年金保険　162

ポアソン回帰モデル　134
ポアソン過程　65
ポアソン分布　32
保険金現価　9

マ 行

丸め込み法　50

右側打ち切り　118

無裁定条件　95
無作為抽出法　68

名称利率　5
メルセンヌツイスター　60

モデル選択　45
モーメントマッチング法　39

ヤ 行

有期生命年金　10
尤度関数　42
尤度比検定　131
ユニットリンク保険　162

養老保険　9

ラ 行

リスク細分型保険　133
リスク集合　122
利付国債　90
略算平均余命　3
リンク関数　111

累積生存基数　11
累積ハザード関数　118, 124

ロジスティック回帰　134
ロジット　111

ワ 行

ワルド検定　131

著者略歴

田中 周二 (たなかしゅうじ)

1951 年　東京都に生まれる
1974 年　東京大学理学部卒業
　　　　日本生命保険，ニッセイ基礎研究所を経て
現　在　日本大学文理学部教授
　　　　博士(数理科学)，日本アクチュアリー会正会員，日本年金数理人会
　　　　正会員，日本保険・年金リスク学会(JARIP)会長
編著書　『企業年金の会計と税務』(共著，日本経済新聞社，1999 年)
　　　　『生保の株式会社化』(編著，東洋経済新報社，2002 年)
　　　　『シリーズ〈年金マネジメント〉』(編著，朝倉書店，2004 年) など．

シリーズ〈統計科学のプラクティス〉4
Rによるアクチュアリーの統計分析　　　定価はカバーに表示

2011 年 2 月 20 日　初版第 1 刷
2013 年 4 月 20 日　　　　第 2 刷

　　　　　　　　　　著　者　田　中　周　二
　　　　　　　　　　発行者　朝　倉　邦　造
　　　　　　　　　　発行所　株式会社 朝 倉 書 店
　　　　　　　　　　　　　　東京都新宿区新小川町 6-29
　　　　　　　　　　　　　　郵 便 番 号　162-8707
　　　　　　　　　　　　　　電　話　03(3260)0141
〈検印省略〉　　　　　　　　　FAX　03(3260)0180
　　　　　　　　　　　　　　http://www.asakura.co.jp

ⓒ 2011〈無断複写・転載を禁ず〉　　　　　中央印刷・渡辺製本

ISBN 978-4-254-12814-7　C 3341　　　　　Printed in Japan

JCOPY　〈(社)出版者著作権管理機構 委託出版物〉
本書の無断複写は著作権法上での例外を除き禁じられています．複写される場合は，
そのつど事前に，(社)出版者著作権管理機構(電話 03-3513-6969，FAX 03-3513-
6979，e-mail: info@jcopy.or.jp)の許諾を得てください．

前中大 杉山高一・前広大 藤越康祝・
前筑波大 杉浦成昭・東大 国友直人 編

統計データ科学事典

12165-0 C3541　　　　B5判 788頁 本体27000円

統計学の全領域を33章約300項目に整理,見開き形式で解説する総合的事典。〔内容〕確率分布／推測／検定／回帰分析／多変量解析／時系列解析／実験計画法／漸近展開／モデル選択／多重比較／離散データ解析／極値統計／欠測値／数量化／探索的データ解析／計算機統計学／経時データ解析／高次元データ解析／空間データ解析／ファイナンス統計／経済統計／経済時系列／医学統計／テストの統計／生存時間分析／DNAデータ解析／標本調査法／中学・高校の確率・統計／他

前長崎シーボルト大 武藤眞介 著

統計解析ハンドブック （普及版）

12182-7 C3041　　　　A5判 648頁 本体17000円

ひける・読める・わかる──。統計学の基本的事項302項目を具体的な数値例を用い,かつ可能なかぎり予備知識を必要としないで理解できるようやさしく解説。全項目が見開き2ページ読み切りのかたちで必要に応じてどこからでも読めるようにまとめられているのも特徴。実用的な統計の事典。〔内容〕記述統計(35項)／確率(37項)／統計理論(10項)／検定・推定の実際(112項)／ノンパラメトリック検定(39項)／多変量解析(47項)／数学的予備知識・統計数値表(28項)

D.K.デイ・C.R.ラオ 編
帝京大 繁桝算男・東大 岸野洋久・東大 大森裕浩 監訳

ベイズ統計分析ハンドブック

12181-0 C3041　　　　A5判 1076頁 本体28000円

発展著しいベイズ統計分析の近年の成果を集約したハンドブック。基礎理論,方法論,実証応用および関連する計算手法について,一流執筆陣による全35章で立体的に解説。〔内容〕ベイズ統計の基礎(因果関係の推論,モデル選択,モデル診断ほか)／ノンパラメトリック手法／ベイズ統計における計算／時空間モデル／頑健分析・感度解析／バイオインフォマティクス・生物統計／カテゴリカルデータ解析／生存時間解析／ソフトウェア信頼性／小地域推定／ベイズ的思考法の教育

日大 蓑谷千凰彦 著

統計分布ハンドブック （増補版）

12178-0 C3041　　　　A5判 864頁 本体23000円

様々な確率分布の特性・数学的意味・展開等を豊富なグラフとともに詳説した名著を大幅に増補。各分布の最新知見を補うほか,新たにゴンペルツ分布・多変量t分布・デーガム分布システムの3章を追加。〔内容〕数学の基礎／統計学の基礎／極限定理と展開／確率分布(安定分布,一様分布,F分布,カイ2乗分布,ガンマ分布,極値分布,誤差分布,ジョンソン分布システム,正規分布,t分布,バー分布システム,パレート分布,ピアソン分布システム,ワイブル分布他)

医学統計学研究センター 丹後俊郎・中大 小西貞則 編

医学統計学の事典

12176-6 C3541　　　　A5判 472頁 本体12000円

「分野別調査：研究デザインと統計解析」,「統計的方法」,「統計数理」を大きな柱とし,その中から重要事項200を解説した事典。医学統計に携わるすべての人々の必携書となるべく編纂。〔内容〕実験計画法／多重比較／臨床試験／疫学研究／臨床検査・診断／調査／メタアナリシス／衛生統計と指標／データの記述・基礎統計量／2群比較・3群以上の比較／生存時間解析／回帰モデル分割表に関する解析／多変量解析／統計的推測理論／計算機を利用した統計的推測／確率過程／機械学習／他

日本年金数理人会編

新版 年 金 数 理 概 論

29017-2 C3050　　　　　　Ａ５判 184頁 本体3200円

年金数理を包括的に知る，年金数理人をめざすための教科書の最新改訂版。〔内容〕年金制度論／年金数理の基礎／計算基礎率の算定／年金現価／財政計画と財政方式／各種財政方法の構造／財政計算／財政検証／退職給付会計／投資理論への応用

日大 田中周二編　ニッセイ基礎研 上田泰三・中嶋邦夫著
シリーズ〈年金マネジメント〉1

年金マネジメントの基礎

29581-8 C3350　　　　　　Ａ５判 192頁 本体4200円

企業年金のしくみ・財政を解説。年金業務に携わる実務担当者必携の書。付録プログラムにより企業の実務で実際に行う計算過程の擬似的体験が可能(退職給付会計の財務諸表の作成等)。〔目次〕企業年金の設計と運営／制度の見直し・移行／他

日大 田中周二編　ニッセイ基礎研 山本信一・佐々木進著
シリーズ〈年金マネジメント〉2

年 金 資 産 運 用

29582-5 C3350　　　　　　Ａ５判 272頁 本体3800円

年金資産運用においては，長期戦略(運用基本方針)を立てることが重要となる。そのために必要な知識・理論を解説。〔目次〕年金運用のPlan-Do-Seeプロセス／ポートフォリオ理論／政策アセットミックス／マネージャー・ストラクチャー／他

日大 田中周二編　ニッセイ基礎研 北村智紀著
シリーズ〈年金マネジメント〉3

年金ALMとリスク・バジェッティング

29583-2 C3350　　　　　　Ａ５判 196頁 本体3800円

年金の運用においてはリスク管理が重要となる。最近注目されるＡＬＭ(資産負債統合管理)，リスク・バジェッティング(リスク予算配分と管理)等の理論・モデルについて解説。〔目次〕年金運用とリスク管理／年金運用と最適資産配分／他

横国大 浅野幸弘・住友信託銀行 岩本純一・
住友信託銀行 矢野　　学著
応用ファイナンス講座1

年 金 と フ ァ イ ナ ン ス

29586-3 C3350　　　　　　Ａ５判 228頁 本体3800円

公的年金の基本的知識から仕組みおよび運用までわかりやすく詳説〔内容〕わが国の年金制度／企業年金の選択／企業財務と年金資産運用／年金会計／年金財務と企業評価／積立不足と年金ALM／物価連動国債と年金ALM／公的年金運用／他

慶大 小暮厚之編著

リ ス ク の 科 学
―金融と保険のモデル分析―

29008-0 C3050　　　　　　Ａ５判 164頁 本体2400円

規制緩和など新たな市場原理に基づく保険・年金リスクの管理技術につき明記〔内容〕多期間最適資産配分モデル／変額保険VaR推定／株価連動型年金オプションの性／株式市場の危険回避度／バブル崩壊後の危険回避度／将来生命表の予測

首都大 木島正明・第一フロンティア生命 小守林克哉著
シリーズ〈現代金融工学〉8

信用リスク評価の数理モデル

27508-7 C3350　　　　　　Ａ５判 168頁 本体3600円

デフォルト(倒産)発生のモデルや統計分析の手法を解説した信用リスク分析の入門書。〔内容〕デフォルトと信用リスク／デフォルト発生のモデル化／判別分析／一般線形モデル／確率選択モデル／ハザードモデル／市場性資産の信用リスク評価

早大 森平爽一郎著
応用ファイナンス講座6

信用リスクモデリング
―測定と管理―

29591-7 C3350　　　　　　Ａ５判 224頁 本体3600円

住宅・銀行等のローンに関するBIS規制に対応し，信用リスクの測定と管理を詳述。〔内容〕債権の評価／実績デフォルト率／デフォルト確率の推定／デフォルトの期間構造推定／デフォルト時損失率，回収率／デフォルト相関／損失分布推定

首都大 室町幸雄著
シリーズ〈金融工学の新潮流〉3

信用リスク計測とCDOの価格付け

29603-7 C3350　　　　　　Ａ５判 224頁 本体3800円

デフォルトの関連性における原因・影響度・波及効果に関するモデルの詳細を整理し解説〔内容〕デフォルト相関のモデル化／リスク尺度とリスク寄与度／極限損失分布と新BIS規制／ハイブリッド法／信用・市場リスク総合評価モデル／他

統数研 山下智志・三菱東京ＵＦＪ銀行 三浦　翔著
ファイナンス・ライブラリー11

信用リスクモデルの予測精度
―ＡＲ値と評価指標―

29541-2 C3350　　　　　　Ａ５判 224頁 本体3900円

モデルを評価するための指南書。〔内容〕評価の基本的概念／モデルのバリエーション／AR値を用いたモデル評価法／AR値以外の評価指標／格付モデルの評価指標／モデル利用に適した複合評価／パラメータ推計での目的関数と評価関数の一致

慶大 小暮厚之著
シリーズ〈統計科学のプラクティス〉1
Rによる統計データ分析入門
12811-6 C3341　　　　A5判 180頁 本体2900円

データ科学に必要な確率と統計の基本的な考え方をRを用いながら学ぶ教科書。〔内容〕データ／2変数のデータ／確率／確率変数と確率分布／確率分布モデル／ランダムサンプリング／仮説検定／回帰分析／重回帰分析／ロジット回帰モデル

東北大 照井伸彦著
シリーズ〈統計科学のプラクティス〉2
Rによるベイズ統計分析
12812-3 C3341　　　　A5判 180頁 本体2900円

事前情報を構造化しながら積極的にモデルへ組み入れる階層ベイズモデルまでを平易に解説〔内容〕確率とベイズの定理／尤度関数, 事前分布, 事後分布／統計モデルとベイズ推測／確率モデルのベイズ推測／事後分布の評価／線形回帰モデル／他

東北大 照井伸彦・目白大 ウィラワン・ドニ・ダハナ・阪大 伴 正隆著
シリーズ〈統計科学のプラクティス〉3
マーケティングの統計分析
12813-0 C3341　　　　A5判 200頁 本体3200円

実際に使われる統計モデルを包括的に紹介し, かつRによる分析例を掲げた教科書。〔内容〕マネジメントと意思決定モデル／市場機会と市場の分析／競争ポジショニング戦略／基本マーケティング戦略／消費者行動モデル／製品の採用と普及／他

慶大 古谷知之著
シリーズ〈統計科学のプラクティス〉5
Rによる 空間データの統計分析
12815-4 C3341　　　　A5判 184頁 本体2900円

空間データの基本的考え方・可視化手法を紹介したのち, 空間統計学の手法を解説し, 空間経済計量学の手法まで言及。〔内容〕空間データの構造と操作／地域間の比較／分類／空間の自己相関／空間集積性／空間点過程／空間補間／他

学習院大 福地純一郎・横国大 伊藤有希著
シリーズ〈統計科学のプラクティス〉6
Rによる計量経済分析
12816-1 C3341　　　　A5判 200頁 本体2900円

各手法が適用できるために必要な仮定はすべて正確に記述, 手法の多くにはRのコードを明記する, 学部学生向けの教科書。〔内容〕回帰分析／重回帰分析／不均一分析／定常時系列分析／ARCHとGARCH／非定常時系列／多変量時系列／パネル

統数研 吉本 敦・札幌医大 加茂憲一・広島大 柳原宏和著
シリーズ〈統計科学のプラクティス〉7
Rによる 環境データの統計分析
—森林分野での応用—
12817-8 C3341　　　　A5判 216頁 本体3500円

地球温暖化問題の森林資源をベースに, 収集したデータを用いた統計分析, 統計モデルの構築, 応用までを詳説〔内容〕成長現象と成長モデル／一般化非線形混合効果モデル／ベイズ統計を用いた成長モデル推定／リスク評価のための統計分析／他

統数研 椿 広計・慶大 岩崎正和著
統計科学のプラクティス8
Rによる健康科学データの統計分析
12818-5 C3340　　　　A5判 224頁 本体3400円

臨床試験に必要な統計手法を平易に実践的に解説〔内容〕健康科学の研究様式／統計科学的研究／臨床試験・観察研究のデザインとデータの特徴／統計的推論の特徴／一般化線形モデル／持続時間・生存時間データ分析／経時データの解析法／他

成蹊大 岩崎 学著
統計ライブラリー
カウントデータの統計解析
12794-2 C3341　　　　A5判 224頁 本体3700円

医薬関係をはじめ多くの実際問題で日常的に観測されるカウントデータの統計解析法の基本事項の解説からExcelによる計算例までを明示。〔内容〕確率統計の基礎／二項分布／二項分布の比較／ベータ二項分布／ポアソン分布／負の二項分布

統数研 藤澤洋徳著
現代基礎数学13
確　率　と　統　計
11763-9 C3341　　　　A5判 224頁 本体3300円

具体例を動機として確率と統計を少しずつ創っていくという感覚で記述。〔内容〕確率と確率空間／確率変数と確率分布／確率変数の変数変換／大数の法則と中心極限定理／標本と統計的推測／点推定／区間推定／検定／線形回帰モデル／他

法大 湯前祥二・北大 鈴木輝好著
シリーズ〈現代金融工学〉6
モンテカルロ法の金融工学への応用
27506-3 C3350　　　　A5判 208頁 本体3600円

金融資産の評価やヘッジ比率の解析, 乱数精度の応用手法を詳解〔内容〕序論／極限定理／一様分布と一様乱数／一般の分布に従う乱数／分散減少法／リスクパラメータの算出／アメリカン・オプションの評価／準モンテカルロ法／Javaでの実装

上記価格（税別）は2013年3月現在